破壊なき市場創造の時代

これからのイノベーションを実現する

W・チャン・キム＋レネ・モボルニュ＝著　有賀裕子＝訳

W. Chan Kim & Renée Mauborgne

BEYOND DISRUPTION

Innovate and Achieve Growth *without* Displacing Industries, Companies, or Jobs

ダイヤモンド社

BEYOND DISRUPTION

by

W. Chan Kim and Renée A. Mauborgne

Published by arrangement with Harvard Business Review Press
through Tuttle-Mori Agency, Inc., Tokyo

地に足のついた楽観主義者は優位な立場にある。
なぜなら「解決は可能であり、よりよい世界を築ける」と信じているからだ。

はじめに

この世のあらゆるディスラプションは、私たちや組織の多くを打ちひしがれて疲弊した状態に陥らせてきた。不安にさせたのは言うまでもない。

筆者らは、ビジネスと経済の両面において破壊が少なく希望が多い、現状とは異なる状況を切望している。それは、経済善と社会善が二者択一ではなく、ビジネス界と社会が歩調を合わせてともに繁栄できるような、ディスラプションを超越した道のりである。

本書では、そのようなイノベーションと成長への道のりを示していく。これは新たな産業、新規雇用、利益ある成長につながる半面、ディスラプションに伴う企業倒産、地域社会の荒廃、雇用の喪失とは無縁の道のりである。

この「非ディスラプティブな創造」（筆者らの造語）は、ディスラプションや社会の痛みを伴わずにイノベーションと成長を可能にする。

非ディスラプティブな創造とは何か、なぜ重要なのか。ディスラプションをどう補完し、なぜ将来的に重要性を増しそうなのか。企業や社会にとっての際立った効用は何か。そして、どうすればそれを引き出せるのか。

もしあなたが、利益ある成長と社会善の両立を目指すイノベーターでありたいと望み、どちらか一方だけでは満足しないのなら、本書でこれらの問いに答えることを目指す、筆者らの旅に加わっていただきたい。

非ディスラプティブな創造という概念は長い研究の旅から生まれた。筆者らが今から30年以上も前に、アナーバーにあるミシガン大学ビジネススクールで始めた対話が、必然的に、戦略とイノベーションをめぐる30年に及ぶ対話へと発展した。対話は時にはキャンパスで、時には例によって樹木園を散策しながら行われた。そしてＩＮＳＥＡＤのブルー・オーシャン戦略研究所のキャンパスでも、フォンテーヌブローの森での長い散策でも続いた。会話の骨子は次のようなものだった。

「戦略を簡潔に定義するにはどうすればよいだろう」

「多くの人は、戦略とは競争することだと考えている。競合を倒すのが目標だと」

「実際のところ大勢の企業経営者が、既存業界でライバルを凌ぐことを戦略の重点に据えている。その背景をなすのは、一方が他方を犠牲にして勝利するというゼロサム思考である」

「業界のプレーヤーが既存のパイを奪い合う場合には、これは理屈に適う」

「ただし、新たなパイの創造が焦点であり、その実現方法がわかっているなら、戦略観を広げて非ゼロサム思考を包含することができる。競争に重点を置いた戦略分野の有力な理論や実践手法には、概してこれが欠けている」

「同様にイノベーション観も、勝つか負けるかという発想によって形作られている。たとえば、創造的破壊のような重要なイノベーション理論は、『成長には創造が必要だが、新しいものを創造するには既存のものを破壊する必要がある』としている」

「そしてディスラプションは、とりわけリーダーやイノベーターの一般的な理解の下では、基本的に既存の企業、職、産業の排除を意味する」

「現在のイノベーションの理論と実践の大きな背景をなす、このような勝ち負け思考は、どうすれば超越できるのだろう」

戦略における非ゼロサム思考をめぐる筆者らの考えや研究成果を発表し、著書『ブルー・オーシャン戦略』『ブルー・オーシャン・シフト』へと結実させたところ、さまざまな学者や実務家コミュニティから、研究をイノベーションの分野にまで広げてはどうかという、多くの問い合わせやコメントが寄せられた。彼らのフィードバックに触発されて、筆者らはイノベーション研究のフロンティアをゼロサム思考から、誰の状況も悪くならないポジティブサム思考へと広げることにした。

このような研究は、ビジネスと社会にとって重要な意味合いを持つだろうと判断した。仮にディスラプティブな社会的コストを生じさせずに利益ある成長を達成できれば、ビジネスと社会はよりよく調和しながら発展できるだろう。そして、私たちが「非ディスラプティブな創造」と命名した事象について理解し、イノベーションをめぐるこの新たな思考法の威力を、マネジャーがどう活用できるかを探ることにした。

ブルー・オーシャンに始まり、現在の非ディスラプティブな創造へと至る筆者らの研究の旅は、こうして発展してきたのである。既存のものを破壊ないしディスラプトせずに新しいものを革新するようなポジティブサム思考によって、既存のイノベーション理論を補完し、社会とよりよく調和した産業界の構築に寄与できると信じている。

*　*　*

長い研究の旅を振り返ると、多くの苦難があった半面で楽しい思い出もあり、感謝が尽きることはない。

W・チャン・キム、レネ・モボルニュ

「disruption」「disruptive」はクレイトン・クリステンセンの著書の邦訳において「破壊」「破壊的」と訳され、広く親しまれている。しかし筆者らは、第1章の注2にあるように、これらの概念をクリステンセンとは異なる意味で用いているため、本書では「ディスラプション」「ディスラプティブ」としている。

破壊なき市場創造の時代

これからのイノベーションを実現する

⦿

目次

第4章
非ディスラプティブな創造の重要性の高まり

第5章
市場創造型イノベーションと成長への3つの道

第1部

非ディスラプティブな創造とは何か

Nondisruptive Creation

What It Is and Why It Matters

第 1 章

ディスラプションなき
イノベーションと成長

Innovation and Growth
without Disruption

そのコンサートは2018年9月21日の文字どおり美しい夜、ラスベガスの満天の星の下で「ライフ・イズ・ビューティフル」というイベントの一環として開かれた。主役はロック・グループ、グレタ・ヴァン・フリート、主催は音楽業界のベテラン、ジェイソン・フロムの新しいベンチャー、ザ・チャーチ・オブ・ロックンロールである。

ただし、コンサートとしては異色だった。従来のどのロック・コンサートとも一線を画していたのである。楽曲が流れ始めると、あたかも時が止まったかのようだった。オープニング・ノートが轟く中、その場の誰もが畏怖の念に包まれていた。言葉を失い、胸を打たれ、頬には涙がつたっていた。

観衆の多くは、その夜までロック・コンサートに参加したことがなかった。演奏開始と同時にまわりに合わせて身体を揺らし、多くの人々と同じように陶酔に浸る経験が、なかったのである。ではなぜ、あの夜はコンサートに訪れたのだろう。あのコンサートは何が特別だったのだろう。バンド、楽曲、それとも開催地？　いや、いずれでもない。特別なのは観衆だった。

なぜなら半数が聴覚障害を持っていたのである。ただしこのコンサートでは、彼らも耳の聴こえる人たちと同じように音楽を楽しんだ。楽曲が奏でられているあいだ、聴こえる人たちだけでなく、聴こえない人たち、あるいはその夜まで聴くのに苦労していた人たちも、音色に合わせて身体を揺らし始めた。そして、その事実が実感されるにつれて、会場全体に瞬く間に笑顔が広がっていった。

あの夜開かれたのは、米国、いやおそらく世界でも初の、聴覚障害者のためのロック・コンサートだったのだ。

これを可能にしたのは、ミュージック：ノット・インポッシブル（M：NI）である。M：NIの生みの親であるミック・エベリング、ダニエル・ベルカー、そして彼らのチームは、聴覚障害者のために世界初のウェアラブル振動触覚デバイスを開発した。シャツの上から着用するこの洒落た黒色のベストは、腰、首、肩の部分に24個の洗練された軽量バイブレーターを効果的に配置したフルサウンドシステムを内蔵し、アヴネット社の支援の下で製造された。ウェットスーツのベストに、サーファーが転倒してボードを失わないようにするための、サーフボードに付いているような足首バンドが追加されていると想像してほしい。バイブレーターは、楽曲のニュアンスや楽器音の強弱に応じて、振動の強さや周波数が変化する。

意外な事実を伝えよう。人間は実は耳で音を聞いているのではないことを、知っているだろうか。音の本質は振動であり、耳から脳に伝わるが、聴覚の効果を生み出すのは実は脳なのだ。このため、仮に転倒して打ちどころが悪ければ、耳が傷つかなくても聴力が失われかねない。エベリングと彼の研究チームは、「聴覚障害者の耳は振動を感知しないが、脳が振動を感知できるように、振動を取り込むための別の方法を見つけることができるかもしれない」と考えた。そして文字通り実現した。脳に振動を届ける媒体として、耳の代わりに皮膚を使ったのだ。

一般には、機能性の難聴者が音楽を鑑賞するのは不可能だと考えられていたが、M：NIはそれが不可能でないばかりか、可能なことを示した。米国だけでも、機能性の難聴者が100万人を超えると推定されている。彼らは外界の音からほぼ遮断されてきた。音楽が世の中にどれほどの喜びや楽しみをもたらすか、考えてみよう。

曲を流せば、幼児でさえも自然と身体を揺らして踊りはじめるだろう。M：NIを使えば、今や耳の不自由な人でもライブ音楽を堪能できる。M：NIは現在、ロンドンの音楽祭からフィラデルフィアのオペラ、ブラジル交響楽団、リンカーン・センターのサイレント・ディスコなどに至るまで、世界中に振動触覚関連の製品を提供し、聴覚障害者か健聴者かにかかわらずあらゆる人々に手を差し伸べている。彼らのキャッチフレーズは、「good vibes for all」（すべての人に心地よい振動を）だ。

筆者らはM：NIのイノベーションについて考察した。これが漸進的なものではないのは自明である。いまやイノベーション分野の代表的な標語となった「ディスラプティブ」も当てはまらない。それどころかM：NIは、おそらく音楽を鑑賞できるなどとは想像もしなかった人々に、機会をもたらした。既存の市場や産業の侵略、破壊、代替のいずれも行っていない。ディスラプションなき創造を実現したのだ。

イノベーションの観点からM：NIは特異かというと、そうではない。今日では改めて考察の対象となることなどまずない、非常にありふれた存在である、メガネを考えてほしい。メガネが登場するまで、視力を持つ人々は近視にせよ遠視にせよ、見えにくさを抱えながら生活しなければならなかった。世界保健機関（ＷＨＯ）が公表した『視力に関する報告書』（World Report on Vision）によると、世界で少なくとも22億人が視力の問題を抱えている。(注1) 教室の後方の席からでは黒板の字を読めない近視の子供や、本を読むのに苦労する遠視の大人を思い浮かべてほしい。近視と遠視はいずれも、経済の一翼を担い生産的な活動を行うための学習や能力発揮を、大きく妨げている。ところがメガネをかけると、世界が新たな光の下に姿を現すのだ。まさか、草の葉が見えるなんて！　黒板にはこう書いてあったの？　どうりで授業が理解できなかったわけだ。勉強が以前よりずっと楽になった――。

メガネはかつてないチャンスをもたらした。Ｍ：ＮＩと同じく、漸進的なイノベーションではなかった。新たな産業を創造したのである。ただし、やはりＭ：ＮＩと同じく、ディスラプティブな性質を持つものでもなかった。既存の産業を破壊したわけでも、既存の企業に取って代わったわけでもない。成長、人々のための明快なビジョン、そして全メガネメーカーの多数の新規雇用を生み出しただけである。今日、この業界の価値は1000億ドルを超えている。考えてみれば、ディスラプションや代替をいっさい引き起こさずに生まれた産業は他にも数多く存在する。数十億人に上る貧困者のためのマイクロファイナンスもその一例である。

そこで筆者らは考えた。この20年というもの、「ディスラプション」はビジネスの鬨《とき》の声となっている──「これをディスラプトせよ」「あれをディスラプトせよ」「ディスラプトか死か」(注2)。シリコンバレー、大企業の役員室、メディア、そして世界中のビジネス・カンファレンスといった場において、ディスラプションを求める声が鳴り響いてきた。(注3) 企業リーダーたちは、生き残り、成功し、成長するための唯一の方法は、業界、あるいは自社をさえディスラプトすることだと、警告を受け続けてきた。多くの人がディスラプションをイノベーションとほぼ同義と捉えるようになったのも、驚くに当たらない。

とはいえ、ディスラプションだけがイノベーションと成長への道なのだろうか。これは必然的に最善の方法なのだろうか。筆者らの研究や上述の事例が示すとおり、答えは「ノー」である。ディスラプションは話題の的かもしれず、たしかに重要性を持ち、周囲に溢れている。しかし、ディスラプションを重視するあまり、イノベーションと成長へのもうひとつの道はおおむね見過ごされてきた。ディスラプションと少なくとも同等の重みを持つと思われるその道とは、ディスラプションや代替を伴わない新市場の創造であり、筆者らはこれを「非ディスラプティブな創造」と見なすようになった。(注4) 非ディスラプティブな創造とは、企業の破綻、雇用の喪失、市場の荒廃を引き起こさずに、新たな産業を創出することを意味する。(注5) これは、何もなかったところに新たな市場をイノベーションする、計り知れない可能性を秘めている。この市場創造型イノベーションの別形態とその仕組みをよりよく理解できれば、イノベーションの実現へのよりよい備えになるだろう。

こうして研究上の問いが浮上してきた。非ディスラプティブな創造とは、科学や技術のイノベーションあるいはまったく新しい製品、どちらに関係するのか？　それとも別物なのか？　別物であるなら、地球上のすべての地域に適用できるのか、あるいは特定の地域、たとえば経済発展が遅れているためにディスラプトすべき産業がほとんど無さそうな、ＢＯＰ（ピラミッドの底辺）市場だけに限られるのか。関連する問いとして、ある地域の社会経済ピラミッドの全レベルに適用できるのか、それとも特定のレベルだけに適用されるのか。これらの問いに対して筆者らが引き出した答えは、非ディスラプティブな創造は、発明や新技術を伴うイノベーションやまったく新しいイノベーションと定義するわけにはいかず、特定の地理的市場や社会経済レベルに限定することもできない、というものである。「非ディスラプティブな創造」は、過去に類例のない概念なのだ。

世界を変えた3つのアイデア

生理用パッドについては、（性別に関係なく）あまり考えたことがないかもしれないが、このイノベーションはまったく新しい産業を創出するとともに、世界人口の半分を占める女性の機会拡大に多大な影響をもたらしてきた。今日、先進国ではほとんどの女性が生理用パッドを「あって当然」と見なしている。9歳の少女から50代後半までの月経年齢の女性たちは毎月、生理周期に伴う不便（および不衛生）に対処するために、生理用パッドを使用している。しかし、以前は状況が異なっていた。

近代的な生理用パッドが登場する以前は、この問題と向き合う産業も市場も存在しなかった。代わりに多くの女性は、手持ちの古布やボロ布、さらには羊毛など、市場とは無関係な解決策に頼っていた。これらは往々にして不衛生であり、感染症などの健康問題を引き起こすおそれがあった。そのうえ布は、高い吸収性、浸透を防ぐ裏地、下着にしっかり固定する方法を欠いていたため、ともすると不快感を伴い、使用時にずれ、シミ、漏れが目立つという「アクシデント」を引き起こした。これに伴う気まずさを避けるため、女子生徒は毎月の生理期間中はしばしば登校を差し控え、数日間は不登校となっていた。

これらすべてが変わったのは、生理用パッドの非ディスラプティブな市場が創造されたときである。(注6) 生理用パッドのお陰で、女児は安心して学校に通いスポーツをすることができるようになり、女性は働いて家族を養いやすくなった。生理用パッドは月経サイクルに伴う羞恥心や不安を取り除いた。女性の自由度を飛躍的に高め、キャリアや教育、さらには健康面の展望を開くのに、大きく貢献したとさえいえるかもしれない。社会善と経済善が、この新しい産業と密接に関連していたのだ。生理用パッド業界は今日、年間220億ドル超の収入を上げている。

比較的最近になってアルナーチャラム・ムルガナンダムが、インドの農村部の女性向けに生理用パッドのまったく新しい市場を開拓した。インドの農村部は特殊な状況にあり、たとえ夫婦間であっても生理の話題を持ち出すのは今なお大きな社会的タブーであり続けている。ムルガナンダムは非常にシンプルな小型の生理用パッド製造機を開発し、村々の女性たちに直販した。女性たちは製造した生理用パッドを地元の他の女性たちにみずから売る。ムルガナンダムの機械の恩恵により、これまでに農村の女性たちが営利目的のマイクロビジネスを約5300も創出し、非常に厄介な流通チャネルの障壁を乗り越えた。さらに重要なのは、インドの人口の半分に影響が及びながらも、かつては誰も口にしなかったタブーが克服されたという事実である。この種の機会は、いまだ世界の多くの地域に存在している。私たちが当然視していることが、世界の他の地域では当然ではないかもしれない。そして繰り返しになるが、ムルガナンダムが創出した市場は、非ディスラプティブで巨大なものだ。2億人以上の女性（米国の女性人口を上回る）が暮らすインドの農村部には、既存の類似商品は存在しなかった。

次にマイクロファイナンスを考えてみよう。約40年前には存在もしなかったこの産業は、今日では数十億ドル規模に達している。マイクロファイナンスは、現在もなお7億人近くを数える世界の極貧層の暮らしを変えるのに役立ってきた。つまり、1日数ドル未満、それどころか1ドル未満で生活する人々が金融サービスから排除されてきた長い歴史に、終止符を打ったのである。

この業界を創造したのは、バングラデシュのチッタゴン大学で経済学部長を務めていたムハマド・ユヌスである。ユヌスは大学の講義で巨額の資金について論じていた。しかし、極めて深刻な飢饉がバングラデシュを襲い、無数の貧しい人々が路上で亡くなる姿を目の当たりにした後、極貧の根底をなすものを突き止めようと心に誓った。

彼は、極貧は自身が経済学の講義で説いていた内容、あるいは人々の怠惰や愚かさとは何の関係もないのだと悟った。テーブルも椅子も窓も水道もない、土の上に建つ一部屋だけの小屋の中で、勤勉な人々が床にしゃがみこみ、竹でスツールを製作したり、バスケットや布団を編んだりといった複雑な作業を何時間も慎重にこなしながら、かろうじて生きていけるだけの収入を得ているのを知った。

極貧層はあまりに収入が少ないせいでまったく貯蓄ができず、経済基盤の拡大に向けた投資にも乗り出せない。多くの場合、少しでもお金があればよりよい生活への希望が持てた。しかし、彼らの信用ニーズに応える銀行や金融機関は存在しなかった。既存の銀行は、「貧困者は借り手としてふさわしくない」と見なして無視するだけだった。

これを変えたのがマイクロファイナンスである。1983年にユヌスは、世界初のマイクロクレジット銀行であるグラミン銀行を正式に設立し、貧困者に少額の融資を行った。マイクロクレジットは、長いあいだ見過ごされ対処されずにいた問題を解決することで、従来は資本提供を受けられずにいた人々に、新しいマイクロビジネス、新規雇用、より高い生活水準、そして希望を生み出す道を開いた。

こうした非ディスラプティブな動きを受けて、マイクロファイナンスという新しい市場が他の産業に取って代わることなく誕生した。以後マイクロファイナンスは数十億ドル規模の産業へと成長し、98%という驚異的な融資返済率を達成する他、将来の成長余地も大きい。ユヌスが述べているように、マイクロクレジットは貧困を根絶することはできないかもしれないが、多くの人々の貧困を解消し、他の人々の貧困を和らげ、誰にとってもより公平で豊かな未来を築いている。

続いて、エルモ、ビッグ・バード、そして愛らしいクッキー・モンスターを取り上げたい。世界がこれら素敵なマペットたちと出会ったのは、未来を担う子供たちにまったく新しい機会をもたらした『セサミストリート』をとおしてである。

このテレビ番組は米国で始まり、まず西欧や他の先進諸国、次いで発展途上国へと広まっていった。現在は米国、アフガニスタン、日本、ブラジルなど、150を超える国々の子供たちの助けになっている。セレンゲティ国立公園(タンザニア)の中心部や、最近では難民キャンプの子供たちのもとにも届いている。

子を持つ親の大半が知るとおり、『セサミストリート』は未就学児に数の数え方、色や形の名称、アルファベットの見分け方を教える。それだけでなく、互いに親切にし、違いを受け入れ、衝動を抑え、集中する方法をも示す。とはいえ何より素晴らしいのは、子供たちが愛くるしいマペットや歌と出会えるこの番組を大いに楽しみ、自分がどれほど多くを学んでいるのか気づきもしない点である。もっとも親はそれを心得ており、だからこそ自分たちもこの番組を愛好しているのだ。多くの人が連想する教育とは180度異なる『セサミストリート』は、幼い子供たちを教育すると同時に、引き込み、楽しませている。

『セサミストリート』は幼稚園、図書館、あるいは親による就寝前の読み聞かせに取って代わったのではない。むしろ、それまでほとんど存在しなかった就学前のエデュテインメントという非ディスラプティブな市場を解き放ち、子供たちと学習のためのまったく新しい機会を創出したのである。今日、未就学児を対象としたエデュテインメントは数十億ドル規模の産業となっている。そして『セサミストリート』は史上最も成功した最長寿の子供向けテレビ番組となり、エミー賞に189回、グラミー賞に11回も輝いている。

私たちは何を学べるのか?

私たちが「非ディスラプティブな創造」と見なすようになった概念には、3つの際立った特徴がある。第1に、生理用パッドのように、科学的な発明やテクノロジー主導のイノベーションをとおして実現する。ただし、マイクロファイナンスのように、科学やテクノロジー主導のイノベーションがなくても、また、テレビという既存テクノロジーを活かして未就学児向けのエデュテインメント業界を創造した『セサミストリート』のように、既存のテクノロジーを新たに組み合わせたり、応用したりすることによっても、実現できる。(注7) M：NIのダニエル・ベルカーが述べているように、「M：NIは、個々の部分は以前から存在していたが、ハードウェア、ソフトウェア、ウェアラブルといった技術的な要素が新たな方法で組み合わされることにより、生み出された」のである。

第2に、非ディスラプティブな創造は特定の地域や社会経済的階層に限定されない。先進国市場であれ、BOP市場であれ、世界のどの地域にも適用できる。『セサミストリート』、生理用パッド、M：NIはいずれも、最初は先進国で、先進国のために創造された。(注8) 片やマイクロファイナンスやインドの生理用パッド製造機は、BOP市場において、当初はBOP向けに創造された。(注9) 非ディスラプティブな創造の機会は、世界のあらゆる地域に存在する。また、地域の社会経済ピラミッドのあらゆるレベルに存在する。矯正用メガネや生理用パッドが当初は社会経済的地位の高い人々に向けたものであったのに対し、マイクロファイナンスやインドの生理用パッド製造機は低階層向けであった。このコンセプトは私たちすべてに開かれている。

第3に、非ディスラプティブな創造は、まったく新しいイノベーションと同義ではない。まったく新しいイノベーションは、ディスラプティブと非ディスラプティブ、どちらでもあり得る。既存のプレーヤーや市場に取って代わることなく、まったく新しい市場、雇用、力強い成長を生み出した、ムルガナンダムの機械を考えてみよう。この機械は、対象市場においては新しく、非ディスラプティブだった。ところが同じ機械を、生理用パッドを市場で容易に入手できる先進的な地域で販売したなら、ディスラプティブであり得る。従って、ムルガナンダムによる非ディスラプティブな創造が新しいイノベーションであるのは、特定の地域においてなのだ。これとは対照的に、『セサミストリート』はまったく新しいイノベーションの具体例である。なぜなら、『セサミストリート』が開拓した未就学児向けエデュテインメント産業は、すべての国や地域において非ディスラプティブだったからである。(注10)

以上が意味するのは、非ディスラプティブな創造とは、科学的発明や技術的イノベーションそれ自体、まったく新しい製品やサービス、あるいは特定の地理的市場や社会経済特性とは異なるものであり、これらと混同すべきではないということである。この点については、本書の全体をとおして論じていく。非ディスラプティブな創造は、「既存の産業の外側における、あるいはそれを超越した、まったく新しい市場の創造」と普遍的に定義できる。なぜなら他でもない、新規産業は既存産業の垣根の外で創造されるからこそ、ディスラプトされて立ち行かなくなる既存の市場や企業は存在しなかったのだ。**図1－1**に、非ディスラプティブな創造の定義と、3つの際立った概念的特徴を示す。

図1－2は、非ディスラプティブな創造によって生まれ得る機会の幅広さを簡潔に示すことにより、図1－1を補足する。ご覧のように、非ディスラプティブな創造の適用範囲は特定の社会経済的属性には限定されず、地域の社会経済ピラミッドの頂点から底辺まで、どのレベルでも起こり得る。このように適用範囲が広いからこそ、非ディスラプティブな創造はすべての人に関係するのである。

非ディスラプティブな創造は普遍的でありながら隠されてきた

「非ディスラプティブな創造」という用語は新しいが、その存在は新しくない。過去、現在、そして未来においても、ビジネスの世界の現実である。営利団体、非営利団体、公共セクター、そして政府にさえも当てはまる。非ディスラプティブな機会は、サイバーセキュリティ業界のように大規模なものかもしれないし、M：NＩのようにはるかに控えめな規模かもしれない。

『セサミストリート』は非営利だが、マイクロファイナンスはメガネや生理用パッドと同様に営利

図1-1｜成長のための独特なイノベーション概念としての非ディスラプティブな創造

定義	非ディスラプティブな創造とは、既存業界の垣根の外ないしそれを超えた場所における、まったく新しい市場の創造である。
3つの際立った概念的特徴	• 新しい独創的なテクノロジーによって起き得る一方、既存のテクノロジーの新たな組み合わせや応用によっても起きる。科学的発明や技術イノベーションそれ自体を指すのではない。 • 世界初のイノベーションとはかぎらない。ある地域ですでに存在するものが、他の地域においてはまったく新しい場合もあるため、非ディスラプティブなイノベーションは往々にして特定の地域において斬新なイノベーションであり、地域内で真新しい市場を創造する。 • 先進国市場であろうとBOP市場であろうと、世界のどの地理的市場にも当てはまる可能性がある。特定の地域や社会経済的属性だけに該当するものではない。

図1-2｜非ディスラプティブな創造の適用範囲

テクノロジー	新規の発明に基づくテクノロジー ←→ 既存のテクノロジー
製品やサービスの斬新さ	世界初 ←→ 地域初
地理的市場	先進国市場 ←→ BOP市場
社会経済的地位	高い ←→ 低い

目的である（そして利益を上げている）。男性用化粧品、環境コンサルティング、eスポーツ、空対地通信、スリーエム（3M）のポスト・イット、ライフコーチング、スマートフォンのアクセサリー、そして米国政府による宇宙軍創設は言うに及ばず、いずれも非ディスラプティブな創造の具体例であり、数百万ドル、数十億ドル規模の新規産業と成長、そして無数の新規雇用を生み出したか、生み出しつつある。

直販型の消費者向け遺伝子検査という新市場を創造した23アンドミー（23andMe）を考えてみよう。唾液のサンプルを特製キットに入れて同社の研究所に郵送すると、長らく音信不通だった、あるいは、それまでは存在を知らなかった血縁者を探し出し、祖先についての理解を深め、遅発性アルツハイマー病、パーキンソン病、緑内障、セリアック病などの遺伝的素因を把握できるようになった。以前はほとんどの人が、自身の遺伝的素因を知るための現実的な方法を持たなかった。しかし、23アンドミーの登場により、それが可能になったのである。現在、同社の価値は10億ドルを超えている。

あるいは、今日では誰もが「あって当然」と見なしている、雨や雪の日の運転時に視界を確保するためのワイパーを考えてほしい。ワイパーがなかった時代はどのような状況だっただろう。次に雨に見舞われたら、ワイパーを止めるだけでたちどころに、視界が悪くなって安全運転ができないことに気づくはずである。ワイパーはディスラプションなしに新しい市場を創造し、その過程で私たちの生命の安全性を高めたのだ。

ハロウィンのペット・コスチュームのような非ディスラプティブな創造でさえ、今や5億ドル規模の産業を形成している。家族同然の犬や猫などをたまらなく愛らしいタコスや看護師、さらにはスーパーヒーローに仮装させるという、かつてない機会をもたらすことにより、大勢の人々を笑顔にしている。

以上のような例が示すとおり、非ディスラプティブな創造というレンズをとおすと、この種の創造が身の回りに溢れていることにすぐに気づくはずである。北米産業分類システムを改めて参照すると、よくわかる。この分類システムは1997年以降、産業の創造、再生、成長に合わせて何度か改定されてきた。最新版では、ディスラプションの影響が見て取れるのはもちろん、真新しい非ディスラプティブな市場空間や産業の出現を反映して、従来にない分類も新設された。(注11)先進国か発展途上国かを問わず、非ディスラプティブな創造が事業活動の重要な一部であることを歴史が示してきた。

ただしことイノベーションに関しては、非ディスラプティブな創造はディスラプションへの妄執ともいえる姿勢のせいで、影が薄くなっている。ディスラプションという用語は広く用いられ、実務においても理解が広がっているため、本書でも用いているわけだが、これが起きるのは、イノベーションによって新規市場が生まれて既存市場とそこで活動する既存プレーヤーに取って代わる場合である。「取って代わる」という部分が肝である。なぜなら、取って代わらないかぎり、ディスラプションは起きないからである。つまり本書では、新しい市場でイノベーションが起きて既存市場に取って代わることを、ディスラプションと呼ぶ。

最近の研究が示すように、取って代わるという現象は既存市場のハイエンドとローエンド、どちらからも起き得る。[注12] たとえば、ｉＰｈｏｎｅ、電子計算機、デジタルカメラ、大西洋横断飛行はすべて、ハイエンドの高価格帯から既存市場に取って代わっていった。ディスラプトされた業界はそれぞれ、従来型の携帯電話、計算尺、フィルムカメラ、遠洋定期船だった。これとは対照的に、アマゾン・ドットコム（vsリアル書店）、スカイプ（vs通信業界）、クレイグスリスト（vs新聞広告）はいずれも、低価格ないし無償の製品やサービスを武器に、既存市場をローエンドからディスラプトした。これはクレイトン・クリステンセンが掲げた「破壊的《ディスラプティブ》イノベーション」の概念に合致する動きである。

ディスラプションという用語は、破壊的イノベーションに関するクリステンセンの影響力ある著作をとおして大いに広まったが、本書で扱うのは、クリステンセンが定義したようなローエンドないしボトムアップのディスラプションではない。[注13] むしろ筆者らは「ディスラプション」をより広く、新製品や新サービスがハイエンドとローエンドの両方において旧来の製品やサービスに取って代わる形態の現象を表すために用いる。

ヨーゼフ・シュンペーターははるか以前、「創造的破壊」をめぐる古典的な説明の中で、ディスラプションや代替の本質を捉えていた。イノベーションの父として広く知られるシュンペーターは、1942年刊行の『資本主義、社会主義、民主主義』(注14)において、創造的破壊という概念を提示した。その主張は、「創造的破壊が起きるのは、新規市場を創造するイノベーションが既存市場を破壊しそれに取って代わる場合だ」というものだった。

シュンペーターが登場するまでほとんどの経済学者は、競争と既存市場の漸進的な改善こそが経済成長の主な原動力であり、完全競争の促進が最大の目的であるという見解を支持していた。しかし、シュンペーターは過去の景気循環の研究において重要な見解を示した。つまり、競争や既存の製品・サービスの改善は好ましいが、買い手のニーズが満たされて利益が減少するにつれて、いずれは収穫逓減《ていげん》が起きるというのだ。

従って、シュンペーターにとって経済成長の真の原動力とは、新しい種類のテクノロジー、商品、サービスを生み出す市場創造型のイノベーションである。新しいテクノロジーとは、創意に富んだものであったり、既存のテクノロジーの新しい組み合わせや応用であったりする。しかし、この創造には問題がある。シュンペーターが気づいていたように、破壊に依存しているのだ。つまりシュンペーターの世界観においては、創造と破壊は切っても切れない関係にあり、創造的破壊は絶え間なく古いものを破壊して新しいものを創造するとされた。

たとえば灯油ランプは、人工照明の主流であったロウソクを創造的に破壊した。その後、灯油ランプは白熱電球という新しい製品の前に屈した。馬車産業が自動車産業に取って代わられたのと同様である。それぞれの新市場が旧市場に取って代わり、買い手への提供価値を創意工夫によって高め、新たな買い手を惹きつけ、新たな経済成長の余地を生み出したのである。

既存産業においてトップダウンとボトムアップの両方向から代替が起きるという、今日の産業界で展開されているディスラプションの現実を説明するうえで、シュンペーターの創造的破壊が優れた概念的土台となっているのは明らかである。(注15) とはいえ「破壊」は、既存業界のプレーヤーの多くが文字どおり「破壊」されてはいるが、必ずしも淘汰されたり、他社によって完全に取って代わられたりするわけではない状況を説明するには、意味が狭すぎる。

ウーバーvsタクシー、アマゾンvsリアル書店を考えてみよう。ウーバーとアマゾンはいずれも既存の業界を破壊し、多くの需要を旧来勢力から奪い取ったが、根こそぎにして完全に取って代わったわけではない。旧来勢力は規模が著しく縮小したとはいえ存続しているのだ。従って筆者らは、旧来勢力をディスラプトするが必ずしも完全に取って代わるわけではない種類の創造を、「ディスラプティブな創造」と呼ぶ。

ディスラプションをめぐる昨今の現実に照らすなら、内燃エンジンが蒸気機関を根こそぎにしたような、シュンペーターの想定していた破壊は、往々にして極端な例だといえる。「ディスラプティブな創造」という表現を用いるのは、成長のための新市場創造というシュンペーター流の概念を踏まえながらも、新規市場が旧来市場と共存し、新旧交代が既存市場のハイエンドとローエンド両方から起きる現実を、よりよく反映するためである。(注16)

市場創造型イノベーションの両極

ディスラプティブな創造と非ディスラプティブな創造は、新市場創造と成長に向けたイノベーション・スペクトルの両極をなすものだとも考えられる。一方の端に位置するのは非ディスラプティブな創造であり、これは既存業界の境界の外側ないし離れたところにおける新市場の創造である。他方の端に位置するのはディスラプティブな創造であり、境界の内側で新しい市場を創造し、境界を広げていく。(注17)

これら重要な2つの概念の違いは、主として経済や社会に及ぼす影響にある。ディスラプティブな創造では、新市場が旧市場とそれに関連する企業や雇用を犠牲にし、勝者と敗者が分かれるか、勝者が経済成果のほとんどを掌中に収める。新市場の創造を糧とした成長は、既存市場やそこにおける既存企業や雇用を駆逐し、産業や社会の破壊を引き起こすため、人材にも大きな犠牲を強いる。

図1-3 2つの異なる市場創造形態とその社会的な意味合い

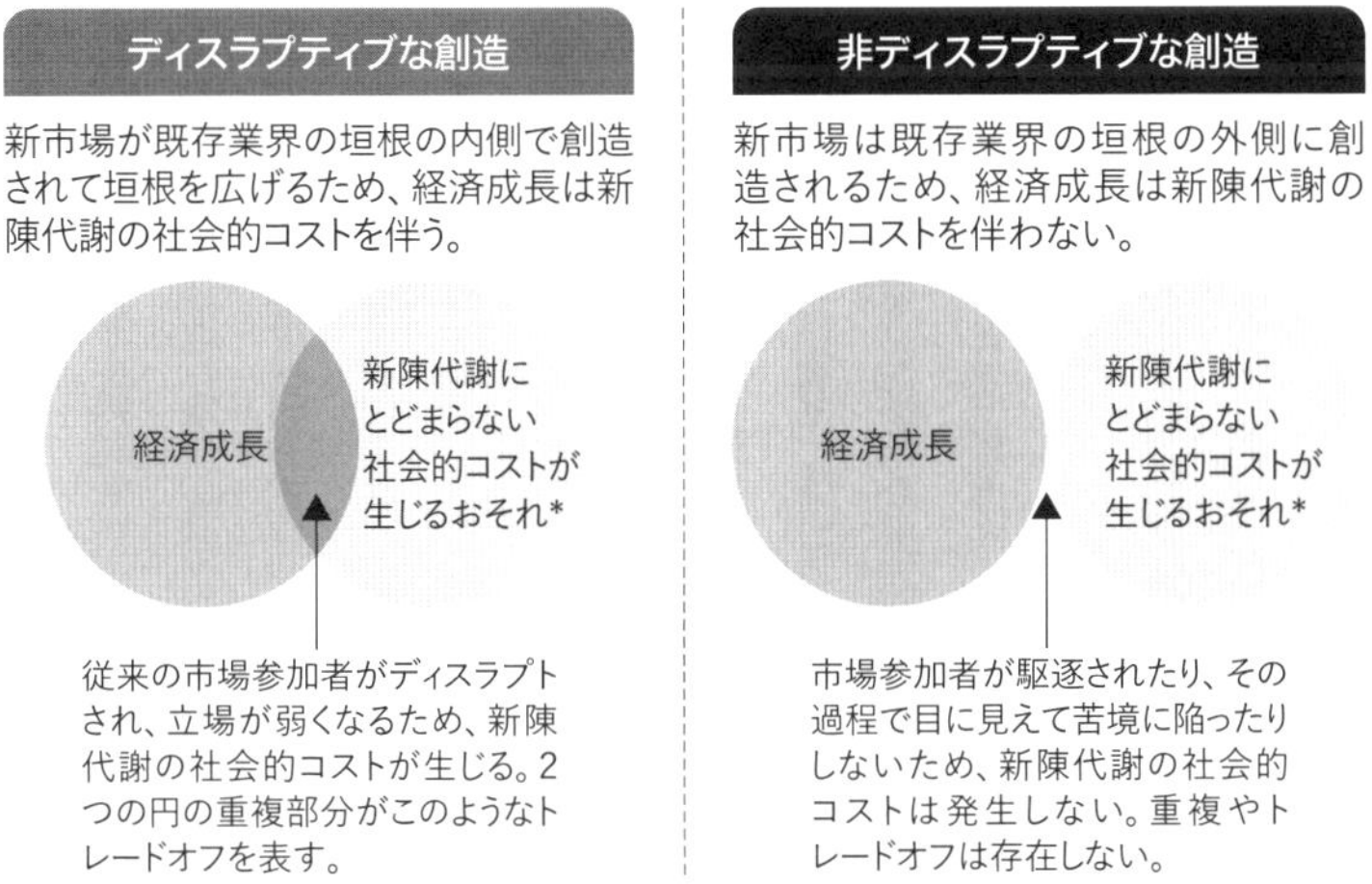
ディスラプティブな創造
新市場が既存業界の垣根の内側で創造されて垣根を広げるため、経済成長は新陳代謝の社会的コストを伴う。
経済成長
新陳代謝にとどまらない社会的コストが生じるおそれ*
従来の市場参加者がディスラプトされ、立場が弱くなるため、新陳代謝の社会的コストが生じる。2つの円の重複部分がこのようなトレードオフを表す。
非ディスラプティブな創造
新市場は既存業界の垣根の外側に創造されるため、経済成長は新陳代謝の社会的コストを伴わない。
経済成長
新陳代謝にとどまらない社会的コストが生じるおそれ*
市場参加者が駆逐されたり、その過程で目に見えて苦境に陥ったりしないため、新陳代謝の社会的コストは発生しない。重複やトレードオフは存在しない。

*これらは、大気汚染、水質汚濁、騒音のような負の外部性によって生じるおそれがある。

このようなディスラプションは、世の中が新陳代謝に適応する過程で経済善と社会善のトレードオフを生み出す(注10)。

対照的に非ディスラプティブな創造では、既存市場とそれに関連する企業や雇用を犠牲にすることなく、新たな創造が実現する。これはポジティブサムの成長をもたらす。なぜなら敗者が存在せず、どの市場プレーヤーも不利益を被らないからである。つまり、非ディスラプティブな創造がもたらす成長は、産業や社会のディスラプションや痛みを伴わずに起きるため、経済善と社会善のギャップを埋める助けとなる。

ディスラプティブな創造と非ディスラプティブな創造とでは、経済的・社会的な意味合いが異なる。さしあたっては**図1-3**

に、成長に向けた上記2つの新市場創造形態の社会的意味合いがどう異なるのかを図解するが、これについては第2章で具体的に掘り下げる。

この図に示されているように、(生じ得る他の社会的コストなど)他の条件が同じであれば、ディスラプティブな創造と非ディスラプティブな創造の違いは、新陳代謝の社会的コストにある。図はこの違いを類型化したものであり、決して経済成長や社会的コストの実際の大きさを表すものではない。

共通理解と理論が必要となる

仮に非ディスラプティブな創造が至るところで起きていて、社会的コストをかけずに経済成長を実現しているなら、なぜイノベーションの世界でそれがほとんど見られないのだろうか。また、非ディスラプティブな創造を成し遂げる企業でさえ、往々にしてディスラプティブを自任するのはなぜだろうか。やはり、自社のイノベーションが非ディスラプティブな性質であるなら、そうと知られたいのではないだろうか。あなたが実現した市場創造型イノベーションが、誰も失業させず、いかなる業界や企業にも害を与えないことを、世界に示したくないのだろうか。その間ずっと新たな雇用と成長を生み出し、経済善と社会善の溝を埋める助けをしているというのに。

ペンシルバニア大学ウォートン・スクール・オブ・ビジネス教授のジョナ・バーガーの著書『なぜ「あれ」は流行るのか？』が明かしているように、企業にポジティブな影響を与えるものは社会的な価値を持ち、「共有したい」という思いを掻き立てる。(注19) 非ディスラプティブな創造はおおむねこの基準を満たす。では企業はなぜ、この戦略的インサイトを活用する機会を逃していたのだろう。

筆者らは好奇心を刺激され、原因は何か、なぜディスラプションが世界の想像力を掻き立て、イノベーションの総称として定着してしまったのかを突き止めるために、調査に乗り出した。ノーベル経済学賞に輝いた英国のジョン・ヒックスの言葉を考えてほしい。

「我々の理論は分析のツールと見なされるが、ウィンカーである。（中略）あるいは、対象の一部を照らして他の部分を暗闇に放置する光と表現したほうが、無難かもしれない。これらを活用すると、私たちは重要かもしれないものから目を逸らしてしまう」(注20)

広く認められた考えや言葉は、私たちすべてに重くのしかかる。方向性と意味をもたらし、物事に同調するよう私たちの脳を仕向ける。数々の研究が一様に明らかにしてきたように、何を探すかによって、何を見て認識するかが決まる。推測と言葉が潜在意識に指示を与え、何が注意の前景にもたらされ、何が後景に退いていくかという、経路依存性を生み出す。

ヒックスが示唆するように、私たちが掲げる理論は、思い込みの主な土台のひとつであり、世界を見る際のメンタル・モデルやレンズとなる。これらが認識を形成するのである。認識とは、環境からの刺激を感知して解釈するプロセスである。人間の認識が極めて的を射ているのは、ヒックスが指摘するように、環境からの刺激を単に受け止めるだけではないからだ。実在するものだけに気を取られるのではなく、自身の考えと合致して支えになってくれるような状況のみを選んで注意を払う傾向があり、考えと矛盾する要素は無意識のうちに無視したり、見過ごしたり、軽視したりしがちだ。つまり人間の脳は、心的概念を用いて見る対象を取捨選択しているのだ。

従って、（世の中の大勢に倣って）「コーヒーはスターバックスに限る」というシンプルな理屈を掲げている場合、たとえ混雑した街中を車で走っていても、スターバックスの店舗があればたいていは目ざとく見つける（「あ、ここにもスタバがある！」と思う）一方、他のコーヒーショップはほとんど気に留めない可能性が高い。「スターバックスのコーヒーはおいしい」という理屈ゆえに、コーヒーを飲もうと思っていないときでも、店舗の存在を意識するだろう。私たちはこれほど強く理屈や信念に縛られている。ある理屈がメンタルモデルに定着していればいるほど、それが認識に及ぼす影響は大きい。

この洞察をイノベーションの分野に当てはめれば、シュンペーターの創造的破壊からディスラプションという広く流布した概念に至る、新規市場の創造をめぐる既存の説得力溢れる論理的枠組みが、時の試練に耐えてきた重要な現象に光を当てるばかりか、ある種の限定合理性をもたらすことにより、私たちが現実を解釈し、ディスラプションというレンズをとおして市場創造型イノベーションを特定し理解することに集中し続ける、きっかけを作っていることが理解できる。

諺《ことわざ》にもあるように、手元にハンマーしかなければ、あらゆるものが釘に見えてくる。このため、非ディスラプティブな創造の事例から関心が逸れてしまいがちだ。それどころか、ディスラプティブなものとして片づけてしまいかねない。たとえ非ディスラプティブな創造という概念が頭の片隅にあったとしても、明快な定義と呼称が与えられて、重要であるとはっきり認識されない限り、思考や行動の前面には出てこない。私たちは、ディスラプションと創造的破壊の概念によって形成されてきた新市場のイノベーションに関する従来の枠組みに挑戦して、その幅を広げるための理論や言語体系も、この概念についての共通の理解も持ち合わせていなかった。これが主な理由となり、非ディスラプティブな創造という概念が常に存在してきたにもかかわらず、イノベーションの世界では陽の目を見ずにいたのだと考えられる。

イノベーションと成長についての視野を広げる

今日においてイノベーションは、持続的な成長を目指す企業にとって必須である。そしてこれこそが豊かな未来を切り開くために創造しなければならないものだと、あらゆる企業や国が心得ている。卓越した経済学者のポール・ローマーは2018年、イノベーションが経済成長に与える影響を見事にモデル化した研究成果により、ノーベル経済学賞を授与された。(注21)

経済成長にとってはイノベーション全般が重要であるが、特に核心をなすのは市場創造型イノベーションである。市場創造型イノベーションは、まったく新しい産業とブレークスルー的な製品やサービスの創造の土台をなしてきた。(注22)

50年前を振り返ってみよう。発展途上国の貧困層の中で、マイクロビジネスに必要な資金を銀行で調達しようと考える人は皆無に近かった。状況が一変したのは約40年前、グラミン銀行がマイクロファイナンス業界のパイオニアとなったときである。同様に、クルーズを楽しむゆとりのある人々でさえ60年ほど前には、それを実現することなど想像もできなかった。クルーズの存在を知らなかったからだ。クルーズ観光産業が誕生したのは、実に50年ほど前である。同様に、当時は宇宙への旅を思い描ける人もほとんどいなかった。しかし今日、私たちはヴァージン・ギャラクティック、スペースX、ブルー・オリジンといったパイオニアが牽引する宇宙旅行産業の発展を目の当たりにしている。アマゾンや大手スーパーで買い物をする人ですら、かつてのフランス国王よりもはるかに多くの品をはるかに安く入手できる。

これらは、非ディスラプティブとディスラプティブ両方の創造が歴史上常に機能し、市場の創造と再創造をとおして産業領域をたゆみなく拡大してきたことを示す、ごく一部の事例にすぎない。いずれも、成長に向けた新市場創造への説得力ある相互補完的アプローチだが、まったく新しい産業の創造と既存産業の再創造や拡大に果たすべき役割は異なっている。

非ディスラプティブな創造をはっきりと認識したうえで、イノベーションをめぐる議論の俎上に載せると、その際立った強みを十分に引き出せる。また、両タイプの創造を包含した幅広いイノベーション観を携えていると、潜在的な成長機会をはるかに広い視点で捉え、掘り下げ、掌中に収めることができる。

ブルー・オーシャン戦略から非ディスラプティブな創造へ

ここに至る道のりはどのようなものだったのだろうか。筆者らはどのようにして、非ディスラプティブな創造とそのインパクトを掘り下げ、理解するようになったのか。単刀直入に述べるなら、このコンセプトをめぐる洞察が得られたのは、戦略分野の研究がイノベーション分野の研究と交差したときである。その経緯は以下のとおりだ。

今から30年以上前の1980年代半ば、筆者らは戦略分野の研究に着手した。当時、この分野における最大の焦点は、既存業界でいかに競争するかであった。組織は成功するために、業界を分析して、ライバルに打ち勝つための競争優位を築くよう迫られていた。このような戦略観は重要であり、業界に魅力があるあいだはうまく機能する。ところが1980年代の半ばから末にかけて、新たな産業の現実に直面した。数々のグローバル企業が、米国や世界経済へと進出を始めたのである。利益率の縮小、コストの上昇、売上高の横這いや減少、市場シェアの獲得競争が、かつてないほどの打撃を産業界にもたらした。米国のラストベルト（さびついた地域）がこの頃に生まれ、始まったばかりのグローバル競争の波に揉まれて産業基盤が一掃される様子を、地域社会全体が目の当たりにした。

このような観察をとおして、いくつかの疑問が浮上してきた。既存の業界が過当競争に陥り魅力が衰えているにもかかわらず、戦略は既存業界における競争に焦点を当て続けるべきなのだろうか。このような熾烈な競争を避けるために、いかにして新しい市場を創造するかをテーマにすることもできるのではないか。もしそうであるなら、収益性の高い力強い成長を目指して市場を創造するにはどうすればよいのだろう。

これらの問いの答えを探り出すために、私たちは30余りの業界における100年超にわたる、150の新規市場創造に向けた戦略行動を研究した。その成果である2005年刊行の『ブルー・オーシャン戦略』では、市場競争型と市場創造型という2つの異なる戦略パターンを提示し、前者を

「レッド・オーシャン戦略」と名づけた。既存業界における競争がますます熾烈化し、血みどろになっていくからだ。後者を「ブルー・オーシャン戦略」と呼んだのは、これから創造されるであろう市場が青々とした大海原さながらだからである。(注23)

ブルー・オーシャン戦略が世界中で反響を呼ぶにつれて、人々や組織の関心は「ブルー・オーシャン戦略とは何か」から「その理論やツールをどう活用すればレッド・オーシャンをブルー・オーシャンに変えられるか」へと移っていった。『ブルー・オーシャン戦略』の続編で2017年刊行の『ブルー・オーシャン・シフト』は、このテーマを扱っている。(注24)

ブルー・オーシャンに関心が集まるにつれて、イノベーション分野の実務家、学者、コンサルタントから、ある問いが繰り返し寄せられるようになった。質問の仕方はまちまちであったが、要するに、ブルー・オーシャン戦略が創造的破壊、ディスラプション、破壊的イノベーションとどのように異なるのかということだった。

この問いに対処するために、イノベーションの角度からブルー・オーシャンのデータを再検討し、ノボ・ノルディスクのインスリン・ペンのような事例に目を留めた。ノボ・ノルディスクが既存のインスリン関連製品を駆逐する様子は、アップルのｉＰｈｏｎｅが既存のフィーチャーフォン業界に大々的に取って代わったのと同様だった。両社は従来の産業を再創造し、自社の革新的な製品やサービスが既存企業の製品やサービスを大々的に駆逐するのと軌を一にして急成長を遂げた。これら企業のイノベーションはまさしく、筆者らの定義によるディスラプティブな創造の具体例だった。ただしこのような事例は、筆者らのブルー・オーシャン・データにはほとんど含まれていなかった。これら事例が既存業界の垣根の内側で生まれていた半面、ブルー・オーシャンはほぼすべてが既存業界の垣根を超えて創造されていたのである。

サーカスと演劇という既存の境界を超えて新たな市場空間を創造した、シルク・ドゥ・ソレイユを考えてみよう。シルク・ドゥ・ソレイユは、サーカスと演劇の両方からある程度のシェアを奪い、一定のディスラプションを引き起こしたが、新たな巨大市場を開拓した際にいずれの市場をも大きく破壊することはなかった。新規市場が既存業界の境界の内側ではなく、外側に創出される場合、ディスラプティブな成長と非ディスラプティブな成長の融合が起きるが、既存業界の破壊や完全な置き換えにはつながらない。

実務の世界において広く理解され使用される「創造的破壊」や「ディスラプション」とは異なり、「破壊的イノベーション」にはブルー・オーシャンとの概念的な共通点がほとんどないと判明している。たとえば、ブルー・オーシャンの具体例のひとつであるｉＰｈｏｎｅは、ローエンドの周縁市場から劣ったテクノロジーで業界を革新したのではない。逆に、ハイエンドの優れた技術を引っさげていたのである。そのイノベーション・プロセスは、ノボ・ノルディスクのインスリン・ペンの場合と同じく、クリステンセンによる破壊的イノベーションの定義には合致しなかった。そのうえブルー・オーシャン戦略の目的は、組織が競争ではなく創造によって成長を実現する方法を説明することである。従って、力点はむしろ新市場の創造と成長にあるのだ。対照的に、クリステンセンの破壊的イノベーションがそもそも目指したのは、業界リーダーがローエンドのディスラプターによって打ち負かされる理由を説明することだった。クリステンセンは、破壊的イノベーションの主眼は成長よりむしろ、ディスラプションへの競争対応にあると述べている。（注25）

ブルー・オーシャンのデータを調べた結果、他にも非常に興味深い発見があった。時の経過とともにデータベースに追加された事例のうち、クレジットカード決済のスクエア・リーダー、ネット銀行のコント・ニッケル（現ニッケル）、クリケットのプロリーグのインディアン・プレミアリーグ（IPL）などいくつかは、ディスラプションを引き起こすわけでも、既存のリービスやプレーヤーに取って代わるわけでもなかった。詳しくは後述するが、ニッケルはフランスで銀行口座を持たない人々のためにまったく新しい市場を創出し、インディアン・プレミアリーグはクリケットやスポーツの業界の枠を超えて、クリケッテインメント（クリケットとエンターテインメントをつなげた造語）というまったく新しい産業を創出した。筆者らは、部分的な代替の事例（ブルー・オーシャンの事例のほとんどがこのカテゴリーに属する）とは異なる、ブルー・オーシャン・データベース上にわずかに存在する代替を伴わない事例に大いに興味を掻き立てられ、以下で述べるような研究上の問題意識を持った。

既存市場を破壊ないしディスラプトせずに新たな市場を創造するイノベーションの本質とは何だろうか。その存在は、既存のイノベーションの理論や実務にとっては些細であり、それゆえに取るに足らないものなのだろうか。しかし、それが何らかの意味を持って時代を超えて存在してきたのだとしたら、なぜイノベーションと成長の分野でほとんど見過ごされてきたのか。現在および将来のビジネスや社会にとって、どのような意味を持つのだろう。仮に、経済善と社会善の架け橋として重要な役割を果たし、事業が成長を遂げて有益な存在となり得る様子に光を当てることができるのなら、それを体系的に理解し、実現するためのプロセスやアプローチはあるのだろうか。

これらの疑問が筆者らを奮い立たせ、非ディスラプティブな創造についての研究へと駆り立てた。研究では時代を遡り、営利、非営利、公共セクターを問わず、非ディスラプティブな創造の過去と現在の事例を収集した。この過程では非ディスラプティブな創造とそれに伴うマネジメント行動に関する新たなデータベースを構築し、中身を充実させていった。エスノグラフィックな要素を盛り込むために、企業の作成資料、アナリストのレポート、そして筆者らが「非ディスラプティブな創造」と見なすようになった動きの背後にいるプレーヤーの、公表されているインタビューや講演内容を収集、分析した。また、一部の人々とは対面で話をした。

目標は、非ディスラプティブな創造に共通するパターンと、その実現に至る共通のプロセスや要因を突き止めることだった。また、ブルー・オーシャンやディスラプティブな創造の既存事例を分

図1-4 ディスラプティブな創造vsブルー・オーシャン戦略vs非ディスラプティブな創造

ディスラプティブな創造	ブルー・オーシャン戦略	非ディスラプティブな創造
新規市場は既存の業界同士を隔てる垣根の内側で創造される。	新規市場は既存の業界の垣根を超えて創造される。	新規市場は既存の業界の垣根の外側で生まれる。
既存市場の需要のすべてまたは多くが新規市場に移る。	創出された需要の一部は真新しく、一部は既存市場から移ってくる。	創出される需要のすべて、あるいは大部分が真新しい。
突出したディスラプティブな成長をもたらす。	ディスラプティブな成長と非ディスラプティブな成長の混合形態が生じる。	実現するのはおおむね非ディスラプティブな成長である。

析に用いて、非ディスラプティブな創造の事例と比較した。これら3つの新市場創造形態の主な違いが何であるかを、明らかにしたかったのだ。非ディスラプティブな新市場創造の動きが互いに類似していく状況と、さまざまな新市場創造形態の相違が大きくなっていく様子の両方を観察し、そこから得られた発見を照合、確認した。

図1-4にあるように、非ディスラプティブな創造はディスラプティブな創造とブルー・オーシャン戦略、いずれとも異なる概念であり、従って成長に及ぼす影響も異なることが、筆者らの研究により示された。ディスラプティブな創造が既存業界の境界の内側に新規市場を創出し、ディスラプティブな高成長をもたらすのに対して、ブル

ー・オーシャン戦略は既存業界の境界を超えて新市場を創出し、ディスラプティブな成長と非ディスラプティブな成長を混在させる。片や非ディスラプティブな創造は、既存業界の境界の外側に新市場を創造し、主として非ディスラプティブな成長を引き起こす点で異色である。(注26)

この図が示すように、さまざまなイノベーション種別の一端にはディスラプティブな創造、他の端には非ディスラプティブな創造が位置し、ブルー・オーシャン戦略はこれら2つの中間に位置する混合形態と見なすことができる。ブルー・オーシャン戦略についてはすでに多くの文献があるため、ここではイノベーションへの道のりの中でも目立たず探究もされていない、非ディスラプティブな創造に焦点を絞る。その独自性、形態、影響を明らかにし十分に理解するために、数々のイノベーション形態の中でも対極にある破壊的創造との比較を行う。

未来を切り開くのは私たちの役割

本書は2つの目的を掲げている。第1に、非ディスラプティブな創造を視野に入れてイノベーションと成長に関するこれまでの見方を広げることが、今日においては何よりも重要であり、将来的にはいっそう重要になる理由を示したい。この目的に向けて、非ディスラプティブな創造の際立った強みを紹介し、それが組織の成長の重要な源泉であると同時に、いかに組織を善の増進へと向かわせるのかを論じていく。第2に、非ディスラプティブな創造を実現する方法を示したい。非ディスラプティブな機会を見つけ、行動し、つかみ取るために何が必要かを述べ、非ディスラプティブな創造の機が熟した領域を簡潔に紹介するのだ。

次章以降の内容は左記のとおりである。

第2章では、非ディスラプティブな創造が経済成長と社会に及ぼす影響を詳述し、ディスラプティブな創造の影響との比較において評価する。

第3章では、「なぜ非ディスラプティブな創造が組織レベルで大きな意味を持つのか」という、重要なテーマに取り組む。この種の創造がディスラプションに対して持つ1つの特徴的な優位性の源泉を、社内のステークホルダー、社外のステークホルダー、新規参入企業、既存企業の視点から探っていく。そして、世界でも際立って競争と規制の厳しい業界を含むさまざまな業界における妥当性、さらには各企業の利益ある成長に及ぼす影響を論じていく。

第4章では、非ディスラプティブな創造が重要な概念であるだけでなく、今後その重要性が増していくと思われる理由を述べる。世界中の企業が直面する2つの新たな趨勢、すなわち第4次産業革命におけるスマートマシンと新技術の登場、そしてステークホルダー資本主義の需要の高まりである。成長、雇用、社会的安定のあいだの動的なバランスを調節しようとする組織のみならず、政府にとっても、これらの趨勢が非ディスラプティブな創造の将来における経済的、社会的価値にどのような影響を与えるかを探っていく。

第5章では第4章までの内容をまとめるとともに、市場創造型イノベーションの成長モデルを提示して第1部を締めくくり、意図的にイノベーションに取り組めるようにする。この成長モデルでは、新市場創造に向けたイノベーションの道筋を3種類紹介し、何がそれぞれの道筋につながるのか、そしてそれらがどのように異なるタイプの成長を生み出すのか（ディスラプティブか非ディスラプティブか、あるいは両者の混合か）を示して、イノベーションに向けた決然とした努力を後押しする。

第1部で非ディスラプティブな創造の意義を探って突き止めたのを受けて、第2部ではギアをシフトして実現への方法を取り上げる。

第6章では、非ディスラプティブな創造の成功者に共通する基本的な視点を3つ紹介する。これらの視点はおのおの行為主体性《エージェンシー》と環境、テクノロジー、創造性の源泉をめぐる認識を軸とし、非ディスラプティブな創造を担う人々の思考プロセスや会話、そして彼らがイノベーションを構想し実現する際に育む文化を紹介し、情報の提供を行う。これらの視点は、非ディスラプティブな機会を着想し結実させるプロセスや行動の羅針盤となる。

この羅針盤を念頭に置きながら、第7章から第9章にかけては非ディスラプティブな創造を実現するための基本条件と、関連する分析ツールについて説明していく。

第7章では、最初の基本条件である非ディスラプティブな機会の特定方法、市場ポテンシャルの評価、ポテンシャルを引き出すためのフレームワークを説明する。

第8章では、第2の基本条件である「機会を解き放つ方法の見つけ方」を取り上げ、前提―含意分析を紹介する。この分析は、非ディスラプティブな機会を妨げる既存の前提を掘り起こして明確にし、それら前提のビジネス上の意味合いを引き出し、前提に挑んで見方を変えるための伝統的な手法を提供する。また、この段階で他の人々から投げかけられるであろう疑問についても概説し、彼らに負けずに前進を続けられるようにする。

第9章では、3つ目、そして最後の基本条件である「非ディスラプティブな機会を実現する方法」を取り上げる。ここでは、非ディスラプティブな創造の3つのイネーブラーと、それらをどう工夫して活用すれば低コストでインパクトの大きい機会を捉えられるかを示す、フレームワークを提供する。「ｓｈｏｕｌｄ」（すべき）ではなく「ｃｏｕｌｄ」（できるだろう）というマインドセットを持つことが、適切なビジネスモデルを突き止め、調整と最適化のための迅速で反復的なフィードバック・ループを生み出す方法を理解するための、強力なツールになる理由を説明する。章の結びでは、非ディスラプティブな創造の実現に向けて、市場において、そして従業員との関係において成功への道を歩んでいるかどうかを見極めるための、自信―コンピテンス・マップを紹介する。

第10章では、誰もがよりよい世界を築くためにともに学ぶことができるよう、非ディスラプティブな創造と成長の機が熟した分野について概説する。

第2章

非ディスラプティブな創造の経済的・社会的インパクト

The Economic and Social Impact of Nondisruptive Creation

次のような例を考えてみよう。ネットフリックスvsブロックバスター、アマゾンvsリアル書店や目抜き通りの小売店、ウーバーvsタクシー、そして時代を遡れば、航空機vs大西洋航路の定期船。これらの事例はおのおの異質で業界や時代もまちまちだが、3つの重要な共通点がある。第1に、いずれもディスラプティブな創造の具体例である。関連する記事、見解、経営者の考え、投資家による分析などを読むと、これらのダイナミクスを説明する言葉として最も頻繁に目にするのが「ディスラプション」だろう。第2に、いずれの事例においても勝敗は明確になっている。そして第3に、消費者が得をする一方、社会には痛みを伴う調整コストが課されている。以下で掘り下げていこう。

好ましい点を挙げるなら、消費者と購入者が大きな利益を得ている。だからこそ人々は、ネットフリックス、アマゾン、ウーバーなど、ディスラプティブな商品やサービスに引き寄せられるのだ。商品やサービスがディスラプティブであるためには、（一般には新しいビジネスモデルに支えられた）飛躍的な価値を提供しなくてはならない。さもなければ業界は凪《なぎ》のままで、購入者は企業であれ消費者であれ、既存の製品やサービスから新しい製品やサービスに乗り換える理由を見出さないだろう。

ネットフリックスがどのようにしてブロックバスターをディスラプトしたか、考えてみよう。ビジネスモデルは、延滞料がかからない、一定の安い月額料金で映画が見放題である、かつては郵送、現在ではオンライン配信によって作品が自宅にじかに届く（これにより、前々から予定を立てたり、店舗に駆けつけたりしなくても、映画を鑑賞できる）という革新的なものであり、ブロックバスターや他の独立系ビデオレンタル店を凌ぐ、圧倒的な価値を消費者に提供した。2億人超の消費者が財布のひもを緩めてこれに報い、ネットフリックスの高成長と株価高騰に拍車をかけた。

あるいはアマゾンの例はどうかというと、当初はリアル書店をディスラプトし、周知のように今日では商店街の小売店をディスラプトしている。消費者や企業にアマゾンを選ぶ理由を尋ねると、好意的な声が続々と届くだろう。「欲しい本や商品がいつでも見つかるのが嬉しい」「顧客の率直なレビューや評価が素晴らしいうえ、役に立つ」「必要そうな関連商品や、自分の趣味に合って試そうと思うかもしれない商品がわかる」「会計がすぐに済むから楽でよい」「ソファに座ったままで何でも注文できるし、配達も驚くほど迅速化している」。講演の際に会場の女性から「クリスマスになると子供たちに、『アマゾンにない商品は存在しないも同然よ』と諭しています」と言われたこともある。アマゾンの飛び抜けた価値を証明するうえで、これほど力強い言葉はないだろう。この女性の頭の中には他の店は存在しないか、あったとしてもアマゾンの敵ではないのだ。

経済用語を使うなら、ディスラプターがもたらす消費者余剰は大きく、社会の資源はよりよく活用されそうなところに配分される。消費者余剰の飛躍的な増大ゆえに、多くの人々がアマゾンで買い物をし、ウーバーを利用し、デジタル写真を撮影し、ネットフリックスを一気見する。これらがよりよい暮らしにつながっていると、実感しているのだ。ディスラプティブな創造が産業を成長させる傾向を持つのも、革新的なビジネスモデルが解き放つ魅力的な価値が、既存企業の商品やサービスを購入していなかった人々を新たに引き寄せ、既存業界のかつての顧客にディスラプティブな商品やサービスをより頻繁に利用するよう促すからだ。たとえば、ブロックバスターでDVDを借りる人よりもネットフリックスの利用者のほうが多いし、これまでにフィルム写真を撮ったことのある人よりも、デジタル写真を撮る人のほうが明らかに多い。大洋を船で横断する人よりも空の旅を選ぶ人のほうがはるかに多く頻度も高いのと、同じである。

消費者余剰の飛躍的な増大はまた、第1章で述べたように、ディスラプティブな創造がローエンドとハイエンド、両方から起こる理由の説明にもなる。(注1) なぜなら消費者余剰は価格そのものではなく、より大きな提供価値との関係で決まるのであり、価値は価格以外のパフォーマンスまたは所与の価格下で得られる便益を意味する。現行価格の下でもたらされる便益が旧価格の下で得られた便益よりも桁違いに大きい場合、ディスラプションが起きがちである。白熱電球は高価であったが、信頼性、安全性、利便性、衛生面で非常に優れていたため、消費者余剰が著しく増大し、その結果、灯油ランプをほぼ駆逐した。同様に、アップルのiPhoneは高価であったが、洗練されたデザイン、ネット接続、タッチスクリーン・インターフェースなど、価格以外の面で飛躍的な性能向上を実現してユーザーをいとも容易に感動させ、従来と比べて桁違いに大きい消費者余剰を生み出した。iPhoneは、購入希望者が列をなして何時間も並ぶほどの人気を呼び、フィーチャーフォンや初期のスマートフォンを瞬く間に駆逐した。

ただし、ディスラプティブな創造がハイエンドとローエンドどちらから起きるにせよ、成長が実現する過程では勝者と敗者が生まれる。ディスラプティブな創造を成し遂げた企業は勝利するが、その成功は既存のプレーヤーや市場の屍《しかばね》の上に成り立っている。ここからは2つ目の特徴を引き出せる。ディスラプティブな創造は、勝者と敗者の間に明確なトレードオフをもたらし、その規模は代替の程度しだいで決まる。場合によっては、勝者が1、敗者は100という状況が生まれる。というのも、ディスラプションを仕掛けた企業がもたらす消費者余剰の急増は、飛行機の登場がオーシャン・ライナーに及ぼした影響と同じように、既存業界と既存プレーヤーをほぼ一網打尽にし得るからだ。旧来製品の需要減退は、既存プレーヤーと既存市場の収益減につながる。

たとえば、アマゾンは単にボーダーズの1200店舗や無数の独立系書店を廃業へと追いやり、バーンズ・アンド・ノーブルの売上を大きく侵食しただけではない。全米の目抜き通りの小売店や百貨店にも同じ影響をもたらしているのだ。アマゾンが力強い成長を遂げて大勝利を収めてきた一方で、他のプレーヤーのほとんどは、全米で店舗やモールの閉鎖や倒産が驚くほどの割合で発生する中、大打撃を受けている（この状況は、新型コロナウイルス感染症が流行するはるか以前にすでに現実のものとなっていた）。現在、アマゾンは米国内におけるオンライン小売売上高の50％を占めている。同様に、ウーバーは特定のタクシー会社の売上に打撃を与えたり、奪ったりしたのではない。そのディスラプティブな動きは、参入したほぼすべての都市で業界全体の売上減少を引き起こしたのだ。全米ではどうかというと、経費精算ソフトウェアの領収書データによれば、ウーバーなどのライドシェア・サービスが地上交通市場に占めるシェアは、2014年にはわずか8%だったが、2018年には70%超にまで激増していた。

ネットフリックスはビデオレンタルのリアル店舗をほぼ一掃した他、ネットフリックスに乗り換えるためにケーブルテレビの契約を打ち切る人々の増加を招いている。かつては全米で最大級のレンタルビデオ・チェーンだったブロックバスターも、今では1店舗を残すのみとなっている。オーシャン・ライナーはというと、かつては海洋をまたぐ旅の100%を占めていたが、現在では5%にも満たず、大西洋横断の95%超が航空機によるものとなっている。スティーブ・ジョブズは「iPhoneが電話業界を革新する」と宣言し、この言葉のとおりiPhoneは歴史的なベストセラー商品となって、アップルを世界で最も時価総額の大きな上場企業へと押し上げた。もっともその余波により、ノキア、ソニー・エリクソン、モトローラ、ブラックベリーといった巨大企業が、携帯電話事業から撤退した。

ディスラプティブな創造が経済に及ぼす影響は、端的に述べるなら、購入者と全ユーザーの消費者余剰の飛躍的な増大である。社会のリソースは経済的観点からよりよく活用されるところに配分される。そして生き残った企業を覚醒させ、消費者の利益のために奮起させることができる。需要は敗者を離れて勝者へと向かうが、ディスラプティブな創造は時の経過に伴う変化の度合いをはるかに超えて、経済の全体的な成長を支える傾向がある。ディスラプションによって創出された総需要から、ディスラプトされた企業や産業から流出した需要を差し引くと、一般的にはプラスになる。言い換えれば、通常は長期的な純成長が期待できるのだ。

ディスラプターの勝利はメディアから称賛され、購入者や投資家が続々と近づいて来るが、勝敗を分かつこの手法は3つ目の共通点をもたらす。社会に痛みを伴う調整コストを負わせ、その中にはさまざまなレベルの痛みや苦難が含まれる。ディスラプティブな創造を取り巻く陶酔感や華やかさは、私たちの目をひどく曇らせてしまいがちだが、既存の雇用が失われ、しばしばレイオフが繰り返され、賃金が下がり、地域社会が荒み、知識、スキル、工場や設備が時代遅れとまではいかなくても、往々にして著しい価値低下に見舞われる。このようなディスラプションに伴う経済的コストが経済全体から見れば小さかったとしても、敗者の苦しみや勝者・敗者間の調和と信頼の喪失によってあおりを受ける人々、企業、地域社会にとって、発生する社会的コストは非常に大きくなりかねず、これらすべてが社会の不安定化要因である。

たとえばウーバーは、米国内で最大の市場であるニューヨーク市において、タクシー運転手やメダリオン保有者の生計に大きな影響を与えてきた。長らく引退へのチケットと見なされてきたタクシー・メダリオンは、保有者にタクシーを運行する権利と他人に貸し出す権利を付与しているが、ウーバーなどのライドシェア・サービスが登場して以降、100万ドル超からわずか17万5000ドルまで価値が急落している。タクシー運転手の収入は40%もの激減に見舞われ、多くの運転手は何とか生き残るだけのために二交代制を強いられている。

倒産、差し押え、立ち退き、そして自殺さえも起きている。ニューヨーク市のタクシー運転手8人が、タクシー収入が激減して経済的苦境に陥ったせいでみずから命を絶った。ニューヨークのタクシー労働者組合は現在、運転手のうつ病の兆候に神経を尖らせている。このような負の余波はニューヨークだけにとどまらず、ウーバーや同様のサービスが進出している世界の主要都市にも波及している。提供価値を飛躍的に高めて消費者を豊かにしたディスラプティブな力は、その過程で傷ついた人々にとっては慰めにならない。

あるいは、デジタル写真によるコダックのディスラプションを考えてみよう。最盛期に8万6000人だったコダックの従業員数は、2000人を下回るまでに減少した。大勢が職を失い、長年にわたって積み上げてきた知識やスキルは価値が暴落した。コダックが本社を置き、何世代にもわたって最大の雇用主として君臨したニューヨーク州ロチェスター周辺地域にとって、同社の凋落は、高給で福利厚生の充実した幾多の働き口が失われるのみならず、ベンダー、小売業者、サービス企業、非営利団体にも多大な悪影響が及ぶことを意味した。所得減を受けて、住民の財布のひもが締まり、地元への投資も細ったからである。これは、地域コミュニティに打撃を与えるほど大きな損失だったはずだ。

アマゾンが書店をディスラプトしたため、ボーダーズが閉店した際には3万人超の雇用が損なわれ、言うまでもなく数々の独立系書店の廃業も多くの失業者を生んだ。バーンズ・アンド・ノーブルもついに経営破綻し、さらに何万人もの職が失われた。ただし、その影響は雇用の喪失にとどまらない。書店は地域社会の一翼を担い、文化、歴史、近隣がひとつになる感傷的な場所である。町から書店が消えると、多くの人々が地元の魂の一部が欠けたと感じる。

より深刻ではないにせよ同様の事態は、アマゾンによる小売店のディスラプションに伴う雇用喪失である。数万から数十万人の雇用が失われる他、閉店して寂れた店舗の姿は、人々の心にそれとなくのしかかり、地域社会から活気を奪う。小売の仕事は血湧き肉躍るようなものではないかもしれないが、何百万もの人々に生活の糧をもたらしている。

このように社会に調整コストがのしかかるのは、需要ひいては雇用が既存勢力からディスラプターに移転するからである。このいわば「移転ゾーン」が社会に痛みをもたらす。激しいディスラプションが大規模なものであればあるほど、「移転ゾーン」も拡大すると考えられ、社会が痛みを吸収して新たな現実に少しずつ適応していく過程で受ける短・中期的な苦難も大きくなっていく。つまり、ディスラプションはプラスの効果だけでなく、人々を直撃する非常に生々しい影響をも経済にもたらすのだ。

解雇された人々は別の業界で仕事を見つけるかもしれないが、再就職が保証されるわけではない。そもそも地元の雇用が少ない地方コミュニティではなおさらである。もちろん、ディスラプションは新たな成長と雇用を誘発する。なぜなら、ディスラプションがもたらす新たな総需要を満たすために、人手が必要になるからだ。たとえば、アマゾンが書店や小売店をディスラプトしたため、推計で90万人もの雇用が損なわれてきた。ただしその一方で、ホールフーズ買収に伴う増加分を除いたアマゾンの従業員数は、新型コロナウイルス感染症が流行した時期に20万人から80万人へと増加した。差し引きすると、アマゾンが雇用に及ぼすプラスの影響は着実に拡大しており、経済にとって好ましいうえに、打撃をある程度和らげている。

ただし、だからといって旧来の雇用が失われた場所でアマゾンが新規採用をするとか、離職者と同じスキルや知識が求められるわけではない。従って、解雇された人々が引き続き路頭に迷っているおそれもある。そのうえ、ディスラプターのビジネスモデルはテクノロジーを柱とする傾向を強めているため、ディスラプターの急成長が経済全体の雇用純増につながるとは限らない。

ブロックバスターは隆盛を極めた2004年、6万人を雇用し、9000店舗を展開し、59億ドルを売り上げていた。ネットフリックスは業界の需要と規模を激増させ、2019年には売上が200億ドル超に達していた。ところが、その従業員数は8000人に満たない。つまり、ネットフリックスは経済、自社、株主に感銘を与えるほどの経済成長をもたらしたにもかかわらず、テクノロジー主体のビジネスモデルが必要とする人材は従来と比べて約80%も少なく、差し引きすると5万人超もの雇用が減少した。

このような社会的調整コストと波及効果は負の外部性である。ディスラプティブな創造の下では、市場の創造と破壊、そしてそれに伴う雇用の創造と破壊が表裏一体をなすため、負の外部性が生じる。このため、ディスラプティブな創造が雇用に与える影響もまた、グロスではなくネットで考える必要がある。ディスラプティブな創造が生み出す雇用の合計から、ディスラプトされた企業や産業において失われる雇用の合計を差し引くのだ。このせいで第3章で述べるように、ディスラプティブな創造はしばしば外部のステークホルダーの反発を招く。利益団体、政府機関、非営利団体は、ディスラプションの波及による被害を最小限に食い止めるために、ディスラプターに反対するロビー活動を展開したり、規制、抑制、課税をしたりする傾向が強い。

要するにディスラプティブな創造は、たとえマクロレベルでは旧勢力から新勢力への需要の移転を引き起こすだけでなく、長期的に新たな消費を喚起して総成長をもたらすとしても、勝ち負けを生む。ここでディスラプターは私的利益を創出するために、迂闊にも短・中期的に人的・社会的コストを発生させ、他の条件がすべて同じであるなら、成長のために内部から産業を再創造するという独特な役割を果たす際に社会にトレードオフを課す。ただし、ある産業が環境や人々のウェルビーイングに顕著な悪影響を及ぼす場合のトレードオフは、この産業をディスラプトして駆逐することで社会全体に及ぶ恩恵と比べれば小さいかもしれない。具体例としては、石炭火力発電所がクリーンで信頼性の高い、費用対効果に優れたエネルギー源によってディスラプトされ、取って代わられた場合などが挙げられるだろう。

より大きな社会善として考慮されるのは、公害などその産業がもたらす有害な副作用の排除である。有害な副作用が大きければ大きいほど、ディスラプティブな創造が社会にもたらす正味のプラス効果は大きくなる。そのような産業にとってディスラプティブな創造は、より大きな社会善につながるイノベーションと成長に向けた、必要な道筋なのかもしれない。

市場創造型イノベーションがポジティブサムの結果をもたらすとき

ここで紹介するのは、非ディスラプティブな創造のディスラプションからの断絶である。市場創造を市場破壊からうまく切り離すと、社会的な痛みとほぼ無縁のままで成長を遂げることができる。これは、他の条件が一定であるなら、勝者と敗者を生み出すディスラプティブな創造とは逆の、イノベーションへのポジティブサム・アプローチと捉えられる。ポジティブサム・アプローチは有望であるばかりか、イノベーションの分野で強く必要とされている、ディスラプションの補完と見なせる。ディスラプティブな創造が勝ち負けにこだわるのと対照的に、非ディスラプティブな創造はポジティブサムなイノベーション手法と捉えることができる。以下でその類似点と相違点を探ってみよう。

まず、非ディスラプティブな創造はディスラプションと同様に、買い手が企業であろうと個人であろうと、圧倒的な価値をもたらす。暮らしをよい方向に変える。だからこそ私たちはその製品やサービスを購入ないし利用し、それによって新たな市場が形成されるのだ。ディスラプティブな創造のように、魅力的な価値を提供しないかぎり新市場は活性化しないだろう。ディスラプションと同じく、これが前提条件なのだ。

たとえば『セサミストリート』の誕生という非ディスラプティブな動きを受けて、未就学児を持つ親は、自宅でくつろぎながら子供たちに色や形、アルファベット、そしてリスニングなどの大切なスキルを学ばせる、まったく新しい機会を手に入れた。シャワーを浴びたり、他の家事をこなしたりする、束の間の時間も得た。『セサミストリート』はまた、ファンタジーと現実を融合させ、歌や滑稽なシーンを交えているため、カラフルで愛嬌のあるマペット（「マリオネット」と「パペット」の掛け合わせ）は子供たちをも魅了し、小学校低学年の学習の基礎を培った。

３Ｍのポスト・イットはどうか。人々はポスト・イットが一枚貼られた書類を受け取っただけで、たちどころにこの非ディスラプティブな製品の虜になった。小さな黄色いポスト・イットは、誰かに書類を整理されたり、不意に風にあおられたりしても、剥がれなかった。それでいて、しっかり貼られたポスト・イットを剥がそうとすると、あたかもくっついていなかったかのようにするりと剥がれるのだった。初めて使う人が驚嘆の表情を浮かべながら貼っては剥がし、表裏を確かめ、またも貼っては剥がしを繰り返すのも、珍しくはない。私たち自身もそうだったからわかるのだ。ポスト・イットはたちどころに、同僚、家族、そして自分自身へのリマインダーやメモとして、オフィスや家庭の必需品となった。

耳の不自由な人々のためのミュージック：ノット・インポッシブル（M：NI）（「ついに、みんなと同じように音楽を鑑賞できるようになった！」）、男性のためのバイアグラ（長年にわたる四苦八苦の後、ヤキモキせずに済むようになった）、スモールビジネスのためのスクエア・リーダー（「ようやく、他店と同じようにクレジット決済に対応できた」）、ライフコーチング、空にかざすと恒星や惑星の名前が判別できるスター・ウォークというアプリ（「あれはオリオン座だ！　初めて星座の名前がわかった！」）。これらはいずれも、購入者や利用者に抗し難い価値を提供している。

ただしディスラプティブな創造とは対照的に、このような成長は、既存の業界や企業を駆逐せずに実現できる。明らかな敗者は存在しない。だからこそ、社会は調整コストを負わないか、負ったとしてもごくわずかである。つまり、非ディスラプティブな創造は最初から成長と雇用にプラスの影響を及ぼすのだ。

たとえばキックスターターは、文字通り何千、何万という若い（あるいは年配の）クリエイターたちが素晴らしく独創的なプロジェクトを構想して実現を夢見ているにもかかわらず、資金不足に陥っている状況に目を留めた。イメージとしては、禅を連想させる粋な名前の風変わりで小さなレストランやコーヒーバーで働く、ヒップな服装を好むウェイターやウェイトレスだ。彼らが実現を夢見るアイデアとは、匿名の手書きの手紙を町内全員に同じ日に郵送して、顔を合わせた相手全員が手紙を受け取ったことを知ったときの人々の反応を見るような、風変わりなものかもしれない。「えっ、あなたにも届いたの？　なんて奇妙なのかしら！」「誰が書いたんだろう？　いったいどういうこと？　なぜこの町に？」。この手紙が瞬く間にコミュニティ全体の注目を集め、終生語り継がれるかもしれない。後々まで話題に上る人生のひとコマになるのだ。

この種のプロジェクトは実際にキックスターターで資金集めをしたが、クリエイティブな取り組みの例に洩れず、金銭的な見返りはなかった。ほとんどのクリエイターは、ROI（投資収益率）を目的としていない。彼らが創作活動をするのは何よりも、自身が温めている芸術的なビジョンを実現するためである。従って、キックスターターのオンライン・クラウドファンディング・プラットフォームが、従来のエクイティ投資家やベンチャーキャピタリストの利益、成長、投資機会を奪ったり、彼らに取って代わったり、既存の金融業界を侵食したりすることがいっさいなかったのは、驚くには当たらない。また、支援者は金銭的なインセンティブを受け取らず、素敵なグッズをもらったり、クリエイターのウェブサイト上で感謝を表明されたりするだけであるため、新しいタイプの投資家層が誕生した。クリエイティブな仕事に関心を寄せ、クリエイターの夢の実現を支援しようとする人々である。

キックスターターは稼働開始後、『タイム』誌の「今年の発明ベスト50」に輝き、成功した一方で敗者をほとんど生まなかった。立ち上げから3年を経ずして黒字化し、最初の10年間で43億ドルという驚異的な規模のプロジェクト資金を集め、どう考えてもキックスターターがなければ実現しなかったであろう16万以上のアイデアに、首尾よく資金を提供した。ペンシルバニア大学の調査によると、キックスターターのプロジェクトをとおして30万人超のパートタイムおよびフルタイムの雇用、８８００の新しい企業や非営利団体が生まれ、クリエイターとそのコミュニティに53億ドルを超える直接的な経済効果がもたらされたと推計されている。キックスターターのせいで職を失った人も、倒産した企業も皆無である。社会に打撃も痛みを伴う調整コストももたらさずに、アーティスト・コミュニティの繁栄を後押ししたのだ。まさに誰にとってもよいことずくめである。

あるいは、２０１９年12月に創設された米国宇宙軍のディスラプティブな動きを見てみよう。２０１９年、米国では政治論争が盛んに展開されたが、宇宙軍は米国の安全保障と米国人の生活様式にとって大きな意義があり、超党派の支持を得た。民主党が多数を占める下院と共和党が主導する上院の両方で可決され、創設が法制化された。

宇宙軍は米国政府が70年ぶりに設けた新しい軍種であり、「空は無限大ではない」という古くからの格言に挑むものである。恒星、惑星、月、さらにその先にまで及ぶ戦略的スコープは、地球の大気圏外から始まる。設立の趣旨は、新たな、そして浮上しつつある戦略的課題に対応することだ。

人々が宇宙とその謎や課題について考えるとき、往々にして『スター・ウォーズ』や『ロスト・イン・スペース』のような未来のイメージが想起される。宇宙の彼方に生命は存在するのだろうか。水はどうか。酸素や植物は何らかの形で存在するのか。無重力をどう克服すれば、窮屈で重たい宇宙服から解放されて、他の惑星に足跡を残せるのだろう。

日々の暮らしや安全保障のどれほど多くの部分が急速に宇宙と結びつきつつあるか、大多数の人は気づいていない。人工衛星は今や、私たちの日々の暮らしを支えている。車載GPS（全地球測位システム）、ATM、病院、送電網、銀行、ガソリンスタンド、信号機……すべてが、地球を周回する衛星に依存している。ミサイル警報システム、携帯電話、大切な写真の保存先であるクラウドも同様である。災害救援、人道支援、戦争抑止、安全保障のいずれも、宇宙があってこそ可能となっている。私たちの目には見えないだけだ。

サイバー攻撃や衛星の妨害・破壊への対処は、戦略的な課題としての重みを増しつつある。これらは、国家や企業の安全保障や存続可能性そのもの、ひいては人々の暮らしに深刻な影響を与えかねない。衛星が妨害に遭い、レスキュー隊が必要な情報にアクセスできなくなった場合、人命が失われ、国家の安全が脅かされる。さらに超小型衛星は、時速1万7000マイルで移動する残骸《デブリ》フィールドを生み出す可能性がある。この速度の下ではコイン大の金属片が凶器になりかねない。また、企業を狙うサイバー攻撃は急増している。サイバー攻撃の50％超が米国企業を標的とし、米国経済へのダメージは年間約1000億ドルと推計されている。サイトをダウンさせ、社内ネットワークに侵入し、データ、企業秘密、知的財産を消去ないし窃盗するサイバー攻撃によって収益が奪われたり削られたりするため、毎年推定50万人の雇用が犠牲になっている。

テクノロジーが幾多の進歩を遂げ、イーロン・マスク率いるスペースXのような民間企業が一般人を宇宙へ運ぶための再利用可能なロケットを開発したり、火星に新たな経済やコミュニティを作る構想を掲げたりしている現在、宇宙の重要性はかつてなく高まっており、国家間の争いにつながるおそれもある。

宇宙軍ならではの目的は、宇宙に特有の急速に進化しつつある機会や脅威に対処するために、テクノロジーの開発や宇宙外交の推進に努め、ひいては宇宙の安全を保障し、衛星の安全性と稼働を維持し、紛争を抑止することである。目下のところ宇宙に関係する唯一の条約は、いかなる国も宇宙空間で核兵器を保有してはならないと定めている。さもなければ宇宙は、西部開拓時代の米国のような野蛮な世界とも見なされかねない。

この使命を果たすために宇宙軍は、上下左右も国境も隠れる場所もない、果てしないように見える空間が、いかにすべてを変えてしまうかを理解する、宇宙思想家、コンセプト開発者、作家、技術者などのユニークな専門家グループの育成に力を注いでいる。要するに宇宙においては、マルチオービット・アーキテクチャー、訓練、パートナーシップ、戦術、手法、手順など、すべてが従来と異なる、極めて異質なスキルセットが求められるのだ。

宇宙軍は、既存の民間企業や業界、あるいは従来型の軍隊に取って代わるものではない。創設まもないが、2022年の予算は推計200億ドル前後であり、増え行く幾多の課題に対処する目的で兵士を増やし新たな職種を設けるために、今後5年間で26億ドルの増額が見込まれる。これほど大がかりで複雑な非ディスラプティブな施策は、完全に実現するまでには時間を要するが、経済成長と雇用に関わる大きな可能性を約束するものだ。

ディスラプティブな創造 VS 非ディスラプティブな創造

図2－1はここまでの議論の骨子をまとめたものであり、経済学者の言うミクロ、メソ、マクロの各レベルにおけるディスラプティブな創造と非ディスラプティブな創造の主な特徴を概説してい

図2-1 ディスラプティブな創造vs 非ディスラプティブな創造

	ディスラプティブな創造	非ディスラプティブな創造
ミクロレベルの結果	企業の新陳代謝と既存の市場空間の拡大を通して成長を生み出す。	既存の業界の枠を超えて新しい市場空間を創造し、成長を実現する。
メソレベルの結果	勝者と敗者を生む。 勝者：ディスラプトする側の企業および消費者 敗者：ディスラプトされる側の組織とその従業員	ポジティブサムの結果を生む。 勝者：非ディスラプティブな創造者と消費者 敗者：明確な敗者は生まれない
マクロレベルの結果	組織の衰退、失業、地域社会の荒廃に対処するために社会的コストが生じる。 ディスラプティブな成長をとおして社会に痛みをもたらすが、長期的に正味でプラスの経済成長が実現する。	企業の排除がおきないため、社会が負う明白な調整コストはゼロである。 非ディスラプティブな成長をとおして、社会に痛みをもたらさずに成長を実現する。当初から経済のプラス成長と雇用増が実現する。

る。ミクロは個々の組織に、メソとマクロはおのおの、グループやその相互連関、経済や社会に対応する。

副次効果または二次的効果

ミツバチが花から花へと移動して花粉を集める際の使命は、ハチミツ作りである。ただし、その過程でか細い足に花粉が付着してハチが飛び回る際に飛散するため、さらに多くの花が開くのはご存じのとおりである。システム理論で知られる米国の著名な理論家バックミンスター・フラーは、これを副次効果と呼んだ。(注2)

いかなるビジネスや組織も孤立した存在ではない。イノベーションと成長は、副次効果ないし二次的効果を第三者にもたらす。ディスラプティブな創造も非ディスラプティブな創造も同様である。どちらも図2-1に記載したような直接的な影響だけでなく、エコシステムやバリュー・ネットワークに副次効果や二次的効果をもたらし、これらの効果が拡大していく可能性がある。

たとえばアマゾンが書店や小売店をディスラプトしたことで、荷物配送のエコシステムが成長した。アマゾンは全米で数百のサードパーティ宅配業者と提携しており、宅配業者は自前でトラックやバンを調達・管理して物流の最終拠点から先の配送ニーズに対応している。包装資材業界にも二次的効果は及んでいる。かつてはリアル店舗で購入されていたおびただしい数の商品が、今やアマゾンで個別に梱包され、購入者宅にじかに配送されている。アマゾンは何千もの書店や小売店を倒したが、これにとどまらず、残存プレーヤーに業務の見直しや改善を迫ったり、他のプレーヤーにイノベーションを促したりして、成長にも二次的な効果を及ぼしている。非ディスラプティブな創造に関しても同様のことがいえる。具体的には、宇宙軍の非ディスラプティブな動きが航空宇宙技術からロボット工学、ＡＩ（人工知能）、宇宙物理学に至る分野の外部企業に与えそうな、二次的効果を想像してほしい。併せて、設計、製造、運用の効率化とともに、宇宙関連の民間企業の技術革新にも拍車がかかるだろう。

ただし、注目すべき違いがある。アマゾンが包装資材や荷物配送のエコシステムにもたらす二次的効果は、アマゾンが間接的に引き起こした店舗用不動産価値の下落と連動している。というのも、ディスラプトされた業界に付随する業界も、（店舗用不動産がそうであったように）ディスラプションのあおりを受ける傾向がある一方で、ディスラプションを仕掛ける側の斬新なビジネスモデルは、新たなエコシステム内のサードパーティ（配送・梱包業者など）の成長を後押しするからだ。この結果、プラスにせよマイナスにせよ、正味の間接的影響が予想される。ビジネス・エコシステムの支えなしに単独で成り立つ業界はほとんどないからである。

もっとも、非ディスラプティブな創造に関しては、二次的効果はバックミンスター・フラーが提唱したミツバチの副次効果に似ている。というのもこの種の創造は主としてプラスの間接的効果を及ぼす傾向があり、サードパーティの破綻を招く例は稀だからである。補助的な業界の関係者や既存の生態系が、非ディスラプティブな創造によって駆逐される例は皆無に近いのだ。このため、成長や雇用に与える二次的な影響は、最初からポジティブなものになりがちだろう。

ディスラプティブな創造が成長と雇用にもたらす長期的にプラスの影響が、非ディスラプティブな創造のそれよりも大きいか小さいかは、イノベーションの性質、人々の生活様式への長期的な影響、産業発展の軌跡など、多くの要因に左右される。従って、ディスラプティブな創造と非ディスラプティブな創造の影響を相対的に評価するのは、ほぼ不可能である。ただし、少なくともディスラプティブな創造の初期には社会的コストの発生が予想されるのに対し、非ディスラプティブな創造ではそのようなコストがほとんど発生しない傾向ははっきりしている。

希望と恐怖、どちらによって動かされているか？

ビジネスにおいて攻撃と恐怖がいかに大きな意味を持つか、気づいたことがあるだろうか。このような振る舞いや感情は誰もが嫌う。なぜなら、私たちの心を不安で満たし、「脅威にさらされている」「先に攻撃しなければ、排除されたり破滅へと追いやられたりするかもしれない」と感じさせるからだ。これは欠乏に基づく世界観だ。世の中はこのような行動や感情をあまり必要としていないが、にもかかわらず私たちは成功を収めるため、さらには世界をよりよくするために、それらを追い求めるよう仕向けられてきた。

代わりに、恐怖から希望へ、欠乏ではなく豊かさを土台とするマインドセットへと、思考の枠組みを変えることができたらどうだろう。「他者をディスラプトしたり、破滅へと導いたりしなくても、創造や成長を実現できる」という発想は、「創造は破壊を伴い恐怖に基づく勝ち負けのゲームではなく、ポジティブサム・ゲームであり得る」という希望に立脚している。(注3) これは、「既存の業界の外側にまったく新しい市場を創造するという、非ディスラプティブな創造の持つ独特な役割のお陰で、私たちは前進できる」という、豊かさを土台とする世界観なのだ。

とはいえ誰もが知るように現実には、人々に行動を起こさせ、物事を成し遂げさせるには、恐怖と希望が動機付けとして同じくらいの説得力を持つ。勝つか負けるかの挑戦や「ディスラプトか死か」といった脅威によって呼び醒まされる恐怖は、組織が行動を起こすうえでの強い動機となる。しかし、「ビジネスと社会の双方にポジティブサムの貢献をする」という希望も、同様に強い動機である。つまり、非ディスラプティブな創造は、ディスラプティブな創造の世界観を補完する世界観に基づいていると言ってよい。

次章では、非ディスラプティブな創造が経済成長と社会に与える影響にとどまらず、「非ディスラプティブな創造はなぜ、新規参入組か既存勢力かにかかわらず、組織にとって大きな意味を持つのか」という重要な問いを掘り下げていく。

第3章

ビジネス・アドバンテージの4つの源泉

The Four Sources of Business Advantage

イノベーションと成長について考える際に重要なのは、経済や社会への影響だけではない。イノベーションや成長をうまく成し遂げる組織の力量もまた、重要なのである。ディスラプティブな創造は、対象業界の市場規模がわかっていてターゲットが明確であるうえ、人々が購買意欲を示すニーズの存在が判明しているという優位性がある。片や非ディスラプティブな創造は、既存市場の垣根の外側で起き、明確なターゲットがなく、人々が購買意欲を示すニーズの有無が不明であるため、より困難に思えるかもしれない。

後述の本書第2部では、より体系的な手法で非ディスラプティブな機会を特定して掌中に収める術を学ぶことに主眼を置きながら、上記のような課題を克服する方法を紹介していく。そこでは、非ディスラプティブな市場の創出を目指すイノベーション努力に明確な方向性と焦点をもたらすような、異なるタイプのターゲットの概要を示す他、その商業的な可能性を評価し、開花させる方法についても概説する。

とはいえ、非ディスラプティブな創造には組織・ビジネス上の利点があり、それは4つの源泉に由来することが判明している。4つの源泉は、非ディスラプティブな創造の事例すべてに当てはまるとは限らないが、多数に当てはまるだろう。優位性の4つの源泉は以下のとおりである。

- 業界参入者が、スタートアップであれ既存企業であれ、多大な経営資源とイノベーション努力をもとに、潤沢なリソースと広大な商圏を持つ大手既存企業をかわす能力。
●既存企業が、全面的なディスラプションの脅威に対して、正面対決を避けながら対応する能力。ディスラプションの脅威にさらされた際、非ディスラプティブな創造は新たな成長をつかむための対決以外の道を開く。
●イノベーション努力に対する内部のステークホルダーの反応。非ディスラプティブな創造は、既存企業内部のステークホルダーにとって、感情と政治の両面で支持しやすい。
●イノベーション努力に対する社外のステークホルダーの反応。ディスラプティブな創造は利益団体や政府との対立を助長しがちだが、非ディスラプティブな創造はこうした問題をおおむね回避できる。

図3-1は、ディスラプションに対する非ディスラプティブな創造の4つの優位性を示している。それぞれについて見ていこう。

シリコンバレーとディスラプティブな創造は、長らく相思相愛の関係にある。マーク・ザッカーバーグがフェイスブック（現メタ・プラットフォームズ）を立ち上げた当初のうたい文句「素早く動き、破壊せよ」を考えてみよう。ベンチャーキャピタリストもメディアも、ダビデ（小人）がゴリアテ（巨人）を倒す物語に感激する。実際にこのような物語は、金銭的な報酬と同じように心の

図3-1 優位性の4つの源泉

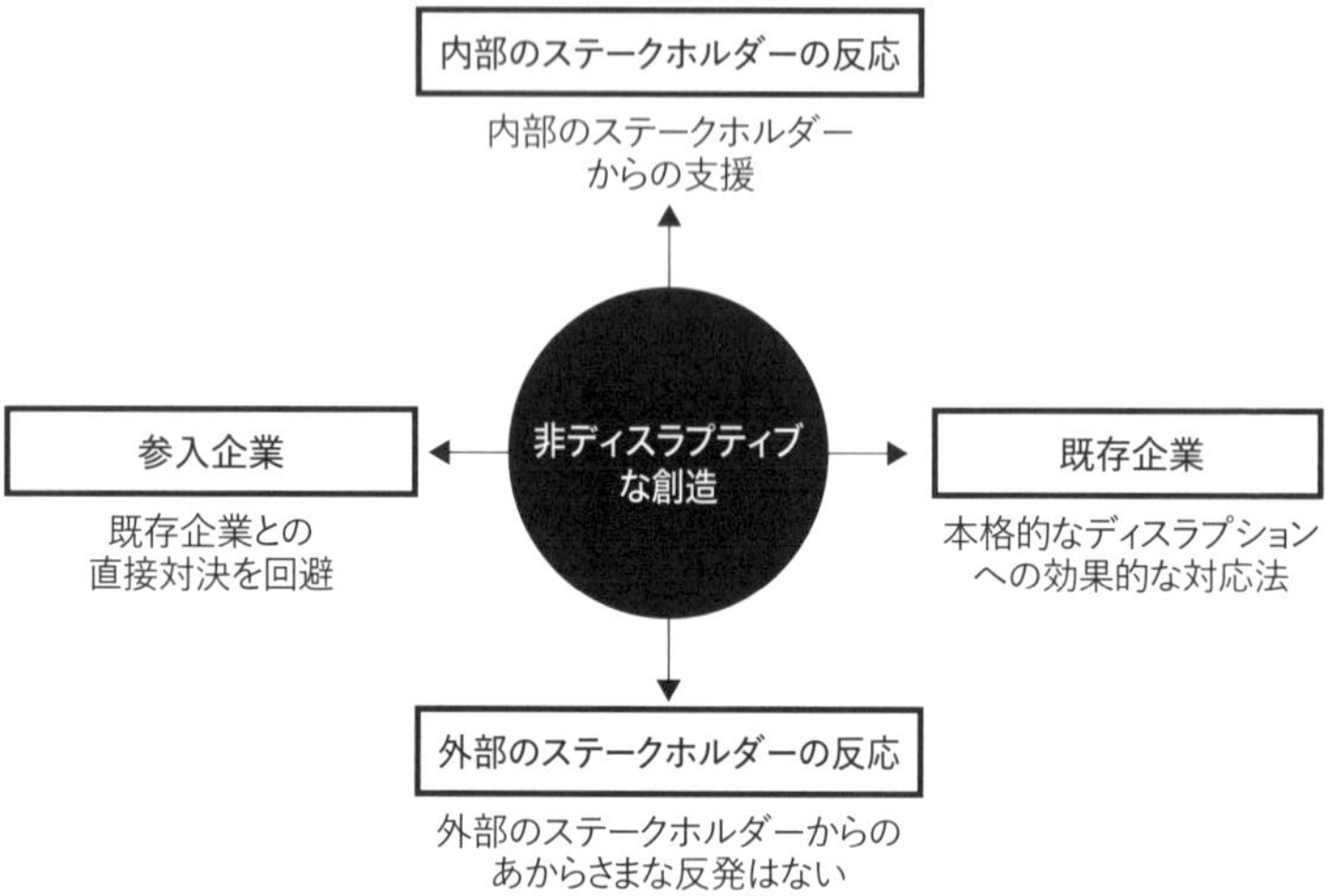

琴線に触れる。

驚くには当たらないが、多くのスタートアップの望みは、既存業界をディスラプトし、次のユニコーンになることだ。起業家たちは日々、既存業界の経済性の打破を目的とした事業アイデアの売り込みに奔走している。従来の組織と異なりスタートアップは、ディスラプションを足並み揃えて受容することをあまり苦にせず、このような姿勢は実行面でも好ましい。

しかし、新興企業であろうと既存企業であろうと、ある業界をディスラプトし、既存プレーヤーの利益を奪おうとするなら、太いネットワーク、資金力、マーケティング資源を持つ強固な組織、すなわちスタートアップにしてみれば、ほぼ確実に自社を凌駕するような組織と対峙する備えをしなければならない。そして相手は、どのような業界であるにせよ、脅威にさらされれば戦いに打って出る可能性が高い。

ムービーパスの最近の経験を考えてみよう。ムービーパスは映画館業界のディスラプトを目指して、毎月決まった本数の映画を格安料金で鑑賞できる契約型サービスに乗り出した。まずはサンフランシスコでサービスを開始したのだが、当初から抵抗に遭った。月額定額料金で毎日1本の2D映画を鑑賞できるとあって、約1万9000人が嬉々として契約したのだが、映画館オーナーは、ムービーパスがサードパーティから大量に仕入れたチケットの取り扱いを拒否した。映画館オーナーたちは、ムービーパスが事実上、映画館と映画ファンの間に割り込んで市場支配力を手に入れ、映画館に不動産と映画作品への投資コストを押しつけていると察していたのだ。

3年後にようやく、米国の映画館チェーンAMCがムービーパスとの提携に合意した。ただしこの契約の下では、ムービーパスは見放題の月額料金を一律45ドルに設定するよう求められていた。この価格設定によってAMCは事実上、ムービーパスのディスラプティブな動きに待ったをかけたのである。当時のチケット代は8～9ドルであったため、45ドルの定額料金は高いハードルだった。月に6本以上の映画を観る熱心なファンにとってのみ意味を持っていたのだ。案の定、ムービーパスは2年間でわずか2万人の会員しか獲得できなかった。創業者のステイシー・スパイクスとハメット・ワットは助けを求め、新CEOを迎え入れた。

ムービーパスは以後の2年間、さまざまな契約条件の下で何度も価格を変更しながら、市場のディスラプトと成長目標の達成を目指した。戦略目標は明快だった。「get big fast」(早急な規模拡大)をとおして規模の経済を実現し、既存企業に対する交渉力を獲得しようというのである。映画館に対しては「ムービーパスの定額制サービスの恩恵で空席が埋まり、ひいては増収をもたらすだろう」と主張し、その見返りとして、チケットの割引や売店の売上からのおこぼれにあずかろうと目論んでいた。ただし、加入者数が増えれば増えるほど映画館に対するムービーパスの交渉力は大きくなり、映画館側もそれを理解していた。

ムービーパスによるディスラプションの決定打は2017年8月に放たれた。月額9・99ドルという、大人用チケット1枚分とほぼ同額の途方もない低価格を打ち出したのである。映画ファンは歓喜した。2018年4月には加入者数は約300万人にまで跳ね上がっていた。映画館のオーナーたちはこの状況を重く見て立ち上がった。全米最大の映画チェーンAMCは、記者会見を開いてムービーパスの施策を批判し、以後数カ月にわたるつば競り合いの端緒を開いた。そして、加入者の入館を拒否する意向を表明して、ムービーパスを排除した。2018年6月にAMCはAMCスタブAリストという独自の定額制サービスを発表する。この定額サービスが人気を呼んで軌道に乗ると、リーガルやシネマークといった他の大手映画館チェーンも追随した。

ムービーパスは現金を使い果たし、低価格を維持するために毎月数百万ドルの損失を垂れ流し、既存映画館に対する交渉力を失っていった。大手チェーンがチケットの早期購入などの魅力的な条件を提示するようになったため、ムービーパスは資金が枯渇して2019年9月にサブスクリプション・サービスの終了を余儀なくされた。

マスコミ報道の影響により、俊敏かつ賢明なスタートアップによるディスラプティブな動きが、ともすれば従来型の鈍重な企業を打ち負かすと思われるかもしれないが、現実には既存企業が優位に立つ例が多い。ディスラプティブなスタートアップになり損ねた企業の失敗は、ムービーパスのようによほど注目を集めないかぎり、知られないままで終わる。

そのうえ多くの業界では、既存業界の製品やサービスを利用する消費者はサンクコスト（埋没費用）を負っているため、ディスラプションを仕掛ける側が自社の製品・サービスへの乗り換えを促す際には、このコストを考慮に入れなくてはならない。現在使っている製品・サービスにかなりの程度まで満足している人々は、代替を探す可能性は低い。従って、ディスラプティブな代替がたとえ優れたソリューションであったとしても、乗り換えはディスラプターが予測するよりもはるかに緩やかにしか進まない可能性がある。

従来の屋根業界をディスラプトしようとした屋根一体型ソーラーパネル業界にとって、これは重い課題だった。そう、屋根一体型ソーラーパネルは、暖房費と電気代の削減ないしゼロ化、そして言うまでもなく、「環境意識の高い市民である（そう見られる）」という満足感とステータスを約束する。ところが既存の屋根に莫大なサンクコストがかかっているせいで、マイホーム・オーナーの動きは鈍く、これまでのところ屋根一体型ソーラーパネルのディスラプティブな力は十分に発揮されていない。

そこで持ち上がるのが、「頑強な既存企業や多大なサンクコストを抱えていそうな見込み客と、本気で真っ向勝負をしたいのか？」という問いである。たしかにこれもひとつの方法である。そして、自社のディスラプティブな動きがいくつかの面で大きな価値向上をもたらすなど、特定の市場環境下では、よい方法かもしれない。この条件に当てはまる例として、大西洋上を飛ぶ空の旅は、スピード、利便性、高揚感などの面で、海の旅をはるかに凌いだ。eメール（世界のどこへでも無料でたちどころに届く）vs郵便の例もある。事実、数々のユニコーン企業がこのようにして誕生した。ただし、ディスラプションなしにイノベーションと成長を達成するには、他にも方法があることを、心に留めておいてほしい。非ディスラプティブな創造の機会も同じくらい大きく、スタートアップか既存企業かを問わずあらゆる企業にとって、これを見過ごさないのが賢明である。後述するように、ユニコーンも同様に誕生する。

ムービーパスとはかなり異質なスクエア（現ブロック）やＧｏＰｒｏの事例を考えてみよう。両社は、既存業界の垣根の外側に非ディスラプティブな新規市場を創造し、既存企業との直接対決や反発を避けて破壊なしに成長を実現した好例である。

ジャック・ドーシーとジム・マッケルビーが設立したスクエアは、米国のクレジットカード業界の外側に非ディスラプティブな市場を創出するという、手つかずの機会を見出した。米国では、中規模以上の小売店はクレジットカード決済を扱っていたが、ほとんどの零細小売店、自営業者、さらにはファーマーズ・マーケットの出店者、フードトラック、ポップアップ・ショップのようなマイクロビジネスはカード払いを受け付けていなかった。後者にとっては、カード決済の処理に用いる既存のPOS（販売時点情報管理）技術は多額の導入費用を要し、メンテナンスも容易ではなく、決済手数料も高すぎた。

スクエアはまた、普通は現金や小切手で行う少額取引にクレジットカードやデビットカードを利用できれば、大いに喜ばれるだろうと考えた。銀行も、基本的には顧客にとってありがた迷惑である現金や小切手の取り扱い中止を、歓迎するだろうと思われた。スクエアは、クレジットカード業界の外側にあるこの未開拓の巨大な機会に目を留め、掌中に収めるために乗り出した。そのソリューションはモバイル決済システムだった。スクエア・リーダーと呼ばれる小さなプラスチック製のデバイスを携帯電話に差し込むだけである。スクエア・リーダーは使いやすく、持ち運びも容易。支払いが発生するのはデバイスを使用したときだけであるため、小規模ビジネスやポップアップ・ショップだけにとどまらず、ベビーシッター、アイスクリームの移動販売車、便利屋など、個人との取引の際にも助かるものだ。

スクエアの非ディスラプティブな動きは、創造を成し遂げた一方で破壊をもたらすことはなかった。既存のクレジットカード会社やその加盟店には、ほとんどディスラプションは及ばなかった。この結果、スクエアは既存企業からの本格的な反発や攻撃に遭うことなく、瞬く間に10億ドル企業へと駆け上がった。誰もが子供の頃に学んだように、他者を踏みにじらなければ、他者もまずこちらを踏みにじろうという気にならない。因果応報である。スクエアの共同創業者ジム・マッケルビーは、『ハーバード・ビジネス・レビュー』のウェブサイト「ＨＢＲ．ｏｒｇ」に２０２０年5月8日、「優れた起業家はディスラプトを目指さない」（Good Entrepreneurs Don't Set Out to Disrupt：未訳）という深い思索に根差した論考を寄せており、そこにほぼすべてが語り尽くされている。(注1)

スクエアと同様に、ＧｏＰｒｏはアクションカメラ業界という非ディスラプティブな市場を創出し、これによってスポーツ愛好家層に、一人称の視点で冒険を実写するというまったく新しい機会をもたらした。サーフィンで大波に挑戦したり、スカイダイビングをしたりする自身の姿を撮影でき、しかも両手がふさがらず自由に使えるので、その瞬間を十分に堪能できるのだ。

ハッとするような違いを考えてみよう。スポーツ愛好家たちは初めて体験したことと見たことを第三者に撮影してもらう代わりに、自身の視点から写真に収めることができるようになったのだ。既存のデジタルカメラを水で濡らすと、破壊には至らないまでも不具合をもたらしたが、ＧｏＰｒｏ

のカメラは防水仕様であるため、完全に水に浸かっても動作するようにできている。手で持つことを前提とした既存のデジタルカメラとは違い、ヘルメット、手首、ヘッドバンド、スノーボードなどに取りつけることを前提としているため、全身を駆使してスポーツをしながら、その様子をリアルタイムで録画できる。また、デジタルカメラが落としたりぶつけたりしないよう、それなりの注意を要するのに対し、ＧｏＰｒｏは集中を必要とするスポーツを念頭に置いているため、あらゆる状況に対応できるよう作られている。

非ディスラプティブなアクションカメラ業界の成長とともに、ＧｏＰｒｏは10億ドル企業へと躍進した。資金力とブランド力のある既存のデジタル一眼レフカメラメーカーが、ＧｏＰｒｏに対する攻撃、阻止、反撃に乗り出したかというと、否である。ＧｏＰｒｏの隆盛はデジタル一眼レフカメラ業界を揺るがさなかった。既存の巨大企業は、弱気になるわけでも、収益面で脅かされるわけでもなかった。購入者がサンクコストやスイッチングコストに目をつぶる必要もなかった。ＧｏＰｒｏも他のあらゆる企業と同様、10年超にわたる成長と成功の後には、浮き沈みを経験してきた。ＧｏＰｒｏというブランドは、みずから開拓した非ディスラプティブなアクションカメラ業界の代名詞であり、業界を支配する状況に変わりはない。そして携帯電話は、ＧｏＰｒｏをディスラプトしてそれに取って代わるわけにはいかなかった。カメラ業界を相手にしたときとは勝手が違ったのである。

もしディスラプションで頭がいっぱいなら、何か非ディスラプティブな機会を見逃していないか、自問してみよう。この問いが特に重要な意味を持つのは、念頭にあるディスラプティブな動きが既存企業の動きとの対比において、いくつかの分野で大きな飛躍をもたらすようなものでない場合である。(注2)「ディスラプションこそが取るべき方法だ」という先入観を捨て、非ディスラプティブな創造という観点から発想すると、視界のどこかあるいは目の前に潜む非ディスラプティブな機会、敵を迂回して戦いを避ける機会を、より鋭く観察できるようになり、経済成長への新しい、これまで見えていなかった道が見えてくるだろう。肝に銘じてほしいのだが、業界のいかなるプレーヤーも、みずからの存在意義が脅かされているときは心穏やかではない。

本格的なディスラプションへの効果的な対応策

非ディスラプティブな創造は、本格的なディスラプションに効果的に対応する道を開くこともできる。ただし、この機会を見出すには柔軟な発想が求められる。「ディスラプションにはディスラプションでしか対抗できない」などという考えに囚われてはならない。考えてみてほしい。今日では多くの人々が世界をある種のグローバル・ビレッジと見なしている。新型コロナウイルス感染症の流行による一時的な停滞を別にすると、海外旅行はここ数年で急増している。筆者らの勤務するビジネススクールＩＮＳＥＡＤは、フランス、シンガポール、アブダビの3キャンパスを擁し、そのいずれかで学ぶために50カ国超から学生が集まってくる。そして、入学初年度にはこれらのキャンパスを行き来することができる。

海外旅行は大西洋横断の黄金時代の到来とともに盛んになり、そのきっかけは19世紀半ばに就航したオーシャン・ライナーだった。旅客船は１００年にわたって繁栄した。当初、大西洋の横断には2週間以上を要していた。しかし１８６０年代には、鉄製の船体、複合蒸気エンジン、スクリュー推進の導入を受けて、所要期間が８～９日程度に短縮されていた。木製フレームによるアーマチュアという技術的制約から解放された定期船は大型化し、乗客定員も従来の２００人から１５００人へと激増した。大西洋を（そして世界を）横断する定期船の便数は増加し、大西洋横断の所要日数はやがて5日にまで短縮された。旅客船業界の需要はうなぎのぼりだった。

この業界に君臨したのは英国のキュナード社である。キュナードは19世紀初頭、何百万人もの移民が欧州から米国へ渡るのを助け、２度の世界大戦や他の紛争時には、戦場へ向かう軍隊、故郷へ帰還する負傷兵、安全な場所を目指す難民の輸送に重要な役割を果たした。ウィンストン・チャーチルは、キュナード・ラインの尽力によって第2次世界大戦の終結が1年近く早まったと語った。キュナードのオーシャン・ライナーはまた、外交官、ＣＥＯ、王族の大陸間移動にも貢献した。第

2次世界大戦が終結する頃には大西洋航路で最大の旅客船会社となっていた。戦争直後の10年間で繁栄する北大西洋の旅行市場を掌握し、米国とカナダに12隻の客船を運航していた。

しかし、その黄金時代も終わりを迎えた。民間航空便によって業界全体がディスラプトされたのである。1958年、パンアメリカン航空（通称パンナム）がボーイング707型機を引っさげて、ニューヨーク～パリ間の大西洋横断便を就航させた。ジェット機として初めて商業的な成功を収めた707型機は、ほどなく1960年代の旅客航空輸送を席巻し、ジェット機時代の幕を開いた。1957年、大西洋を海路で横断した旅客数は100万人だったが、1965年には65万人にまで減少していた。同年における海路と空路の比率は14対86である。つまり、14人が海路で大西洋を横断したとすると、86人が飛行機での移動を選んでいたのだ。

これにはもっともな理由があった。定期船はジェット機時代のスピードと利便性についていけなかった。船が大西洋を横断するのに5日を要していたのに対して、飛行機なら半日だった。フライトは定期便であったため、しばしば船旅と天秤にかけられた。しかも、当時世界の航空業界に君臨していたパンナムは、魅力と洗練の象徴だった。そのスチュワーデスは文化的アイコンであり、王族、世界のリーダー層、ハリウッドスターがこぞって利用した。

不吉な前兆があった。キュナードは、自社のオーシャン・ライナーが大西洋を横断する空の旅のスピードと利便性に匹敵ないし勝る術はないと考えた。

どうすべきだろう？

キュナードの第一感は、ディスラプティブな動きへの対抗だった。複数社が併存できると判断したのだ。そこで、航空業界に参入し、オーシャン・ライナー業界全体が潰される前に、自社によるディスラプションによって先手を打とうとした。1960年3月、キュナードは新興の航空会社イーグル・エアウェイズの株式を60％取得し、キュナード・イーグルへと衣替えした。キュナード・イーグルは、設立間もない航空輸送認可委員会（ATLB）から認可を受け、英国初の独立系航空会社となった。他の航空会社は報復へと動いた。英国における最大の競合で国有のブリティッシュ・オーバーシーズ・エアウェイズ・コーポレーション（BOAC）は、すかさず航空大臣に陳情してキュナード・イーグルの認可取り消しを勝ち取った。BOACは、利用者の多い北大西洋航路を他社と分かち合おうとしなかったのである。キュナードのディスラプティブな動きが阻止されたのを受けて、ATLBはキュナードにおこぼれを与えた。英国～バミューダ～ナッソー～マイアミという、乗客数が格段に少ない航路への進出を認可したのである。ほどなく、キュナードは航空業界から撤退した。

ディスラプティブな動きが頓挫した後にキュナードは方向転換を図り、「洋上での贅を尽くしたバケーション」を革新することで、市場の創造に向けた非ディスラプティブな行動を起こし、現在まで続くクルーズ観光産業を切り開いた。それまでのオーシャン・ライナーは主として、航空機や自動車と同様に、ある地点から別の地点への移動手段として捉えられていた。今日ではオーシャン・ライナーは目的地に行くための手段ではない。むしろ、目的は航海そのもの。バケーションなのだ。人々は2地点間の移動よりむしろ、楽しみや豪華エンターテインメントを目的としてクルーズを利用するようになった。キュナードの「ワンクラス」クルーズは、どのような客室や寝台を予約したかに関係なく、すべての乗客が同じアクティビティ、ライブ・パフォーマンス、食事、サービス、その他のアメニティを楽しめるようにした。

キュナードは非ディスラプティブな創造が功を奏して、他のオーシャン・ライナーを壊滅させた航空会社のディスラプティブな力から逃れることができた。今日ではカーニバル・コーポレーションの傘下にあり、約60年前にみずから開拓したクルーズ観光産業は、約1500億ドルの売上と100万人超の雇用を生み出している。これは、ビジネス、経済、一般の人々すべてにとって好ましい結果である。

別の事例としてフランス郵政公社（ラ・ポスト）を取り上げよう。eメールやテキストメッセージによるデジタル・ディスラプションは、ラ・ポストにとって痛打となった。過去10年間で配達する郵便の数は50％近くも減り、減少には今なお歯止めがかかっていない。にもかかわらず、eメールやテキストメッセージが無償で即時配信されるため、ラ・ポストはこの脅威に対抗するためのディスラプティブな方策を見出せなかった。ラ・ポストが見出したのは、国内の津々浦々にまで及ぶ広範なプレゼンスと、国民と郵便局員との自然な結び付きを活用した、「Veiller Sur Mes Parents」（VSMP：両親の見守り）という非ディスラプティブな市場を創造する方法だった。

フランスでは高齢者の孤独が社会問題化している。成人した子供たちが、高齢の両親の家から遠く離れた都市や町で暮らして働く傾向は、強まってきている。物理的な距離の大きさに加えて、若者たちは自分の生活が忙しいため往々にして両親宅から足が遠のいてしまい、高齢者の孤独、ひいては精神面のウェルビーイングや健康が、社会の懸念事項となりつつある。

ラ・ポストはVSMPサービスを開始して、この深刻化しつつある未解決の社会問題への対処に乗り出した。委託調査によると、フランス国民は毎日の暮らしで顔を合わせる人々の中で、パン屋の次に郵便配達員が好きだと答えている。VSMPは、このような信頼と自然な親しみやすさの上に成り立っている。郵便配達員の協力を得て、気楽に他者とつながっておしゃべりに興じる機会を高齢者にもたらすと同時に、何か異変がないかを確かめるのだ。

月40ユーロ足らずで毎週、郵便配達員に高齢家族の自宅を訪問してもらえる。配達員は訪問後にアプリを使って依頼者に、親が元気かどうか、食料品の補充や家の修理、外出などの支援が必要かどうかを報告する。高齢者自身による申し込みも受け付けている。VSMPサービスを開始して以降、ラ・ポストは非ディスラプティブな取り組みを拡大してきた。郵便局員は小売店の日用品、通常の処方箋、図書館の本、温かい食事なども高齢の顧客に届けているのだ。ただし、費用を負担するのは地方自治体である。

他者とのつながりを必要とするひとり暮らしの高齢者が増えゆく状況下、ＶＳＭＰはこれらの人々のために非ディスラプティブな新規市場を提供するとともに、ラ・ポストに新たな収入源をもたらした。これは、ディスラプティブな創造にこだわらない発想からどのような事業機会が生まれ得るかを浮き彫りにする、先駆的な実例である。

教訓：次にディスラプティブな脅威に直面した際には、相手と同じ戦法を取ってディスラプティブな手法で反撃することだけを戦略オプションと見なしてはならない。言うまでもなく、これもディスラプティブな挑戦に対抗するひとつの手法であり、うまく機能するかもしれない。しかし、唯一の方法ではないことを忘れてはならない。むしろキュナードやラ・ポストのように、発想を広げて非ディスラプティブな創造も視野に入れて熟考するのだ。

とりわけ目の前の脅威が、オーシャン・ライナーに対するジェット機や郵便に対するｅメールやテキストメッセージのように深刻なものである場合は、非ディスラプティブな創造のほうが、より実行可能で創造的な対応策かもしれない。そしてキュナードやラ・ポストの事例のように、非ディスラプティブな創造の機会は得てして、組織にすでに備わっている資産やケイパビリティを土台として活かすことから生まれる。

組織内のステークホルダーによる支援

2012年3月13日、英語による百科事典の先駆けで長らく版を重ねていた『ブリタニカ』が、最終版を公開した。かつて、『ブリタニカ』を持っていることは教養ある家庭の証であったが、今や見る影もない。原因はご存じのとおり。ウィキペディアを思い浮かべてもらえばよいが、百科事典並みの知識がデジタルコンテンツとして流通し、ハードカバーの百科事典のグローバル市場をディスラプトし、駆逐したのである。

もっとも、あまり知られていないが、『ブリタニカ』は百科事典並みの知識がデジタルコンテンツとして流通する状況を把握していた。ウィキペディアが誕生する10年も前に、アドバンスト・テクノロジー・グループという新部門を立ち上げてデジタル領域に進出していたのだ。この部門はPCが普及し始めてインターネットがしだいに導入される状況を前にして、不吉な兆候に気づいていた。早くも1994年には、PC用のCD－ROM版百科事典『ブリタニカ』と、ハードカバー版を購入済みの大学や図書館などに向けたウェブサイト「ebドットコム」を立ち上げていた。にもかかわらず、1995年には売上高が最盛期の50％にまで落ち込んでいた。そして1996年に会社そのものが従来の何分の一かの価格で売却された。

どこで歯車が狂ったのだろうか。

あらゆる企業が革新を望んでいる。既存市場がディスラプティブな脅威にさらされる状況の下、大多数の企業は、成長のカギは漸進的なイノベーションに甘んじずに、市場イノベーションを起こすことにあると考えている。ところが既存企業は、市場イノベーションが既存事業とその売上に取って代わる場合、内部のステークホルダー（従業員、取締役、執行役、マネジャー、投資家）との関係で実行面の高いハードルに直面する。[注3]

人々はよきにつけ悪しきにつけ人間の性《さが》として、既存事業のディスラプションに直面したとき、たとえ会社の先行きにとってマイナスであったとしても、ディスラプティブな動きを弱体化させるために直接・間接に影響力を行使したくなるものだ。これは自身の利害、専門性、信条が既存のビジネスモデルと強く結びついている場合に、特に顕著である。この傾向は不穏で不健全な企業行動につながりかねず、モチベーションの低下をも招く。

こうして経営トップは苦しい立場に陥る。収益性の高い慣れ親しんだ事業を、経済性が異なり、短・中期的には採算ラインにさえ乗らないかもしれない新規のビジネスモデルで破壊するのは、どれくらいの速さで行うべきだろうか？　エグゼクティブは苦境に立たされる。彼らは、そのような変化が会社とその財務にもたらす短期的なストレスや組織の動揺を、歓迎しない。従って最終的には既存のビジネスモデルを守ろうとしがちである。

ブリタニカの事例では、最も価値ある資産は組織を牽引する訓練の行き届いた約２０００人の訪問販売員であり、それを疑う者はいなかった。フルタイムの販売員たちは、見込み客3件につき1件の割合で商談を成立させるという評判だったが、その百科事典が1冊１５００ドルもするうえ、毎年発行されるアップデート版からさらに継続的な収入が上がっていたのだから、なおさら驚異的である。従って、ＰＣがもたらすディスラプションに対抗するためにＣＤ－ＲＯＭ版の商品化に乗り出したとき、販売員が反発したのも無理はなかった。1年前にマイクロソフトがＣＤ－ＲＯＭ百科事典『エンカルタ』を２９５ドルで発売したあおりで、販売員たちはすでに苦況に陥っていたのである。

経営陣は難しい選択を迫られた。マイクロソフトのディスラプティブな動きに対抗するために、流通手法を変えて低価格でＣＤ－ＲＯＭ版を発売することもできた。しかし、そうなれば社内の対立を生み、ＣＤ－ＲＯＭ版がもたらすかもしれない不確実な売上と引き換えに、一部の販売員が莫大な売上とともに去っていく可能性が高かった。推計では、ハードカバー1冊と同じ収入を得るには、ＣＤ－ＲＯＭ版を7～10枚売る必要があった。

案の定、ブリタニカの首脳陣は、全速力でディスラプションに突き進むことによって得られるものより、失うもののほうがはるかに大きいと見なした。販売員のモチベーションを保ち、会社の生命線である売上を守るために、ハードカバー版の購入者への無料特典としてＣＤ－ＲＯＭを配布することにした。見込み顧客がCD－ROM版のみを希望した場合は、ハードカバー版の定価と大差ない価格で提供する。しかしこのような高価格では、PCが急速に普及していた状況もあり、抱き合わせ販売でさえディスラプションを鈍化させるには至らなかった。ブリタニカは相場に合わせてCD－ROM版の値下げに踏み切ったが、後の祭りだった。

ブリタニカの事例はコダックやノキアの事例と同じく、既存事業のディスラプトを推奨するのは容易だが、実行は極めて困難であることを如実に表している。組織内のハードルは高い。ディスラプションによってどれだけ得るものがあるのか不透明な半面、売上が確実に損なわれる恐怖、さらには既存のコンピテンスとは無関係な分野に飛び込んで職や地位を失う恐怖ゆえに、マネジャーはディスラプション・プロジェクトの妨害を企てかねない。(注4) リーダー層は、内部のステークホルダー間の厄介でともすれば手の施しようのない対立に立ち向かい、組織にとっての辛い犠牲を甘受することに、前向きではない。

グローバル展開する某巨大石油企業の経営トップはこう述べている。「当社では5万人を超える人材が探査、精製、流通、小売等の石油事業に携わっている。それと比べるとごく少数の人々が再生可能エネルギー関連の業務に取り組み、主要エネルギーの座を石油が占める現状をディスラプトしてそれに取って代わろうとしている。しかし5万人超もの人々が石油事業を支えている以上、眼前でその食い扶持を奪うような状況を避けようとする、多大なパワーや影響力が働く。誰しも自分たちの墓穴を掘りたくはない。このため当然ながら、代替エネルギーへの取り組みが重要であっても、それを積極的にではないにせよ妨害しようとするインセンティブが働く。具体的には、莫大な本社間接費を課して打撃を及ぼすような場合もある。これはたちどころに収益見通しを暗転させ、資源投入の遅延ないし中断や一線級の人材の士気低下を引き起こす。

やがて市場のディスラプションに着手すると、人材という要素が介在してくる。この状況にうまく対処するには強烈なリーダーシップが求められ、私が見たところ、市場のディスラプトが堅実な売上をもたらす好調な事業の壊滅につながる場合、その事態を乗り切る力を備えた企業はほとんどない」

ここで重要なのは強力なリーダーシップである。ひとつには、市場のディスラプションを目指すと、それが第三者の事業の駆逐につながる場合がある。ところが自社事業をディスラプトするとなると、事情はまったく異なってくる。たちどころに自社に跳ね返ってくるからだ。あたかもクルマを運転しながらエンジンを交換するように、恐怖を伴う至難の業なのである。ネットフリックスは、自社の中核的な事業や高収益事業ともども市場を首尾よくディスラプトした、数少ない企業の一社である。経営を指揮するのは、創業者にしてディスラプティブな企業文化の牽引役でもあるリード・ヘイスティングスだ。大企業には極めて稀なタイプの人物である。単刀直入に述べてヘイスティングスは、プロフェッショナルとして雇われたマネジャーやエグゼクティブの大多数が欠く、信頼性、そして組織面のハードルを乗り越える天性の資質を持つのだ。

ブロックバスターの前CEOジョン・アンティオコと、多大な存在感を持つ物言う株主カール・アイカーンとの対立を見れば十分である。アンティオコと部下たちは当初、ネットフリックスをオンライン分野のニッチプレーヤーとして軽んじていたが、ほどなくオンライン化へと大きく舵を切る必要性を自覚した。2004年にブロックバスター・オンラインを立ち上げ、続いて2006年11月に「トータル・アクセス」というサービスを開始した。オンライン上で予約してDVDをレンタルし、ブロックバスターの実店舗に返却すると、好みの新作を無料で鑑賞できるのだった（当時はまだインターネット上での動画配信は技術的に可能ではなかった）。トータル・アクセスは瞬く間に人気を博し、わずか6週間で会員数が倍増した。会員数の増勢はネットフリックスを凌ぐまでになり、ライバルを慌てさせた。

ところが、トータル・アクセスの構想がすべて実現する前に、アンティコとアイカーンの対立が起きた。2007年にアイカーンは、オンライン・プロジェクトの巨額損失に起因する業績悪化を背景に、報酬問題で対立したアンティィコを辞任に追い込もうと画策した。リアル店舗のオーナーたちも、売上を失うことを恐れてオンライン化に強く反対した。周知のとおり、ブロックバスターは経営破綻した。ディスラプティブな反撃が勢いを増していたにもかかわらず、身内に足をすくわれたのだ。

すでに明らかなように、上述の企業はいずれも、愚かな人々が現実から目を背けて経営していたわけではない。これらの状況が如実に示すのは、ディスラプティブな創造の難度がとりわけ高いのは、スピンオフという形態を取るかどうかにかかわらず、自社の既存事業を脇に追いやってしまう場合だということである。(注5)

このような場合にこそ、非ディスラプティブな創造をより広く理解することが真の優位性につながる。既存企業にとってはディスラプションよりも非ディスラプティブな創造こそが、はるかに脅威の少ない成長と市場革新への道なのだ。ひとつには、既存の秩序やそれを土台として生計を立てる人々にじかに挑むわけではないので、リーダーとしては実行しやすい。もうひとつの点として、ウォール街、投資家、従業員らすべてが期待を寄せ依存する、従来の売上に打撃を与えることを意味しない。投資家の機嫌を損ねたり、短期的には悪夢である自社事業の廃止に踏み切ったりする経営者は、ほとんどいない。既存企業が、社内政治、従業員の不安、株主の期待によりよく対処できるのは、従来の売上を損ねたり、それに取って代わったりする可能性がない場合である。(注6)

3Mの事例を取り上げたい。100年超の歴史を有し、年間売上高300億ドルを誇る3Mは、接着剤、研磨材、ラミネートなどを製造している。買収や合併に頼らずに成長を促すために、R&Dに力を入れている。同社でサイエンティストとして働くスペンサー・シルバーは、R&Dラボで接着剤の研究をしていたときに、マイクロスフィアという特殊な物質を発見した。マイクロスフィアは粘性を持つが、物質の表面に固着しないため剥がしやすいという特徴がある。ただし、優れた接着剤の持ち味である粘着強度や耐久性に劣ったため、用途が見つからなかった。せっかくの発見も商機に恵まれず、研究室で放置されたままだった。

そこに現れたのが、新人サイエンティストの「アート・フライ」ことアーサー・フライである。フライは、本のしおりとして使っていた紙が落ちてしまう様子に着目した。教会で聖歌隊の練習をしているときに、楽譜から毎回のようにメモが落ちるという厄介な経験をしていたのだ。シルバーの発見を知ったフライは、しおりをはるかに超えるまったく新しい機会を見出した。マイクロスフィアを紙に付着できれば、接着剤の残留なしに、紙を簡単に貼ったり剥がしたりすることが可能になる。本にメモを添えたり、会議への出席を促すために同僚の部屋のドアにメモを挟んだり、報告書のレビューを求めたり、何週間も先延ばしにしていた厄介な電話をかけ忘れないよう、自分のデスクにメモを残したりすることができる。しっかり貼りついて、剥がしても傷や跡を残さない。既成の業界や3Mの内外のプレーヤーを駆逐することのない、非ディスラプティブな機会だった。

フライは自身のアイデアをシルバーに説明し、2人はチームを組んだ。彼らはほぼあらゆるイノベーションにつきものの疑問や詮索にぶつかった。つまるところ、非粘着性の接着剤は本質的に矛盾を抱えていたのである。とはいえ彼らは、試験と改良のフェーズで二歩進んで一歩下がる状態にあっても、感情的な反発、政治的な妨害、そして、プロジェクトをそれとなく、あるいはあからさまにつまずかせようとする組織のハードルなどには遭遇しなかった。むしろ3Mの社内には感情と政治の両面で協力的な空気が漂っていた。この市場創造型イノベーションは、成功した場合に既存事業に取って代わるわけではないのが明らかだった。もっぱら売上と雇用を増やすのだった。

シルバーの所属ラボのディレクター、ジェフ・ニコルソンは、一も二もなく支援に乗り出し、付箋のサンプルをシニア・エグゼクティブの秘書たちに配り始め、たちどころに好評を得た。最初のテスト市場で評判を呼ばなかったのは、購入しないかぎり試用できないからであったため、ニコルソンは担当事業部のバイス・プレジデントとともに取締役会長とCEOのもとを訪れ、テスト市場でのサンプリングに必要な資金を獲得した。トレーラーに見本を詰め込んで別の街まで行き、見込み客全員に配布した。これに続く展開は周知のとおりである。ポスト・イットの非ディスラプティブな市場が生まれ、それとともに3Mはまったく新しい成長エンジンを手にしたのだ。

ポスト・イットと同様に、バイアグラもまた非ディスラプティブな創造の賜物だった。ファイザーは、男性の勃起不全（ED）を解消する青い錠剤を開発した。バイアグラ（一般名称：シルデナフィル）が登場する以前は、EDは世界中の男性にとって対処しようのない、表立って語られることのない問題だった。バイアグラは発売と同時に広く知れ渡り、真新しい非ディスラプティブな市場を生み出した。

ただし、最初からEDの治療を目的としていたわけではない。意外にも、高血圧の治療薬として開発されていたのである。ところが治験の結果、一貫して効果がないと判明した。その後、あることが起きた。ウェールズの鉱山労働者を対象とした臨床試験の最後に、研究者たちが「薬を服用しているあいだに何か気づいたことはありませんか」と尋ねた。すると、この薬には性的興奮を引き起こす副作用があると判明したのだ。ある男性が、夜中に勃起することが多くなったと告白すると、別の鉱山労働者たちも明るい表情で同意した。ひらめきが生まれた。

ファイザーのマネジャー陣は驚くとともに、自分たちが得た情報をめぐって慎重な姿勢を取った。シルデナフィルは、血圧に関する臨床試験の結果が思わしくなかったため、社内にはすでに失敗だという雰囲気が漂っていた。しかし、研究者たちはこのまったく新しい市場機会を強くアピールし、インポテンツ研究のために15万ポンドの予算を獲得した。研究により鉱山労働者たちの経験が裏づけられた。この薬はＥＤに効いたのである。さらに特筆すべきは、臨床試験の参加者たちが試験の終了後も手元の薬を返却しようとしなかったことだ。

市場には他に広く受け入れられたＥＤ治療法がなかったため、バイアグラには積もり積もった膨大な需要があった。しかも、ファイザーにとって既存薬に取って代わるものではなく、成功すればもっぱら新たな成長エンジンになると考えられた。このため内部のステークホルダーは、非ディスラプティブな市場の創造に向けた前進に、諸手を挙げて賛成した。

あらゆる新薬の例に洩れず、ファイザーはバイアグラの商品化とビジネスモデルの構築に着手した際、難題に直面した。どうすればインポテンツにまつわる羞恥心を取り除けるか。宗教団体は「セックス・ピル」を不快に思うだろうか。医薬品を主に病状に対処するためのものと考える医師や専門家は、「ライフスタイル医薬品」に関心を寄せるだろうか……。それでもファイザーは逡巡もリスク回避もしなかった。社内の抵抗は少なかった。既存部門はいずれも脅威を感じなかった。社内の人々は不安に陥るどころか高揚感に浸っていた。この非ディスラプティブな市場の規模は誰も予測できなかった。しかし、インポテンツの解決は男性にとって極めて重要であり、50歳以上の男性の多くがインポテンツに苦しむ中、市場には有用な代替品がないことがわかっていた。ファイザーの科学者、医師、営業担当者、マーケター、経営陣は、この非ディスラプティブな機会を活かすために総力を傾けた。

バイアグラは発売後ほどなく世界的な注目を集め、ファイザーの製品ポートフォリオの中で最も収益性の高い処方薬のひとつとなり、2020年までに300億ドル超の売上をもたらした。

ここでしばらく立ち止まって考えてほしい。もしディスラプションが人々を苛立たせ、短期的には組織を大きな混乱に陥れ、往々にして新たな事業機会をつかむために既存事業を手放すという財務面の難しい判断を迫るのであれば、非ディスラプティブな創造の機会をより体系立って探求することにより、誰もがチャンスを広げられるのではないだろうか？　この脅威の小さい市場創造型イノベーションをとおして、先進国と発展途上国のいずれにも、多大な資金、機会、インパクトがもたらされるはずである。これは本書で取り上げた3M、ファイザー、グラミン銀行、その他の企業の事例からも明らかだ。ディスラプティブと非ディスラプティブ、両タイプの創造を明示的に含むより広い文脈の中で市場創造への取り組みをフレームワーク化すると、既存企業は市場創造を追求する際の社内政治や社員の不安によりよく対処でき、一般にはその過程でよりよい支援や賛同を得ることができる。

外部のステークホルダーから露骨な反発を受けない

この最後の利点は、組織が進める市場イノベーションによって否応なく影響を受ける、社外の人々やグループの反応に由来する。彼らの中には、業界関係者だけでなく、社会、政府、非営利の団体や組織、さらにはメディアまで含まれる。

非ディスラプティブな創造は、創造的ではあるがディスラプティブではないという性質ゆえに、外部のステークホルダーから好ましくない反応をほとんど引き起こさずに済む。だからといって、規制当局による通常の監視や措置を回避できるわけではない。断じて違う。たとえば連邦食品医薬品局（ＦＤＡ）は23アンドミーに対して、消費者に提供する遺伝子情報のわかりやすさを格段に高め、遺伝子検査は病気の診断を目的とするものではないと明示するよう義務づけた。FDAはファイザーに対しても同様に、バイアグラの潜在的な副作用を明記し、承認を得るうえで必要な標準的な規制要件をすべて満たすよう義務づけた。新規市場創造型のイノベーションは非ディスラプティブかどうかにかかわらず、すべてこのような規制を想定できるし、すべきでもある。(注7)

ただし、ディスラプティブな創造に特有の事情として、外部のステークホルダーの反発を招きやすい点がある。ディスラプティブな創造は既存のプレーヤーを駆逐し、ともすれば業界のルールや規制を巧妙に回避するため、利益団体、政府機関、非営利組織などがディスラプティブなイノベーションによる被害の最小化と競争条件の公平化を目指し、ディスラプターの排除、規制強化、取り締まり、課税などを求めてロビー活動を行う可能性が高まる。これらすべてが、ディスラプションを目指す企業の資源と時間を急速に消耗させ、コストを膨張させ、市場創造型イノベーションの推進を妨げるおそれがある。ディスラプトされかねないプレーヤーは往々にして、自社に挑んでくるディスラプターの意欲を削ぎ、跳ね返そうとして、水面下で他のステークホルダーに懸命に訴えかける。

政府の命令によってサービス停止を余儀なくされた韓国の配車サービス会社、Ｔａｄａを例に取ってみよう。２０１８年10月にサービスを開始したＴａｄａは、スペースにゆとりのある11人乗りのバンを使用し、アプリからの呼び出しに対応していた。タクシー運転手のともすれば無謀な運転やマナーの悪さに不満を抱く人々のあいだで、爆発的な人気を博した。タクシー運転手の収入が激減するなか何人かが自殺し、社会福祉の分野に警戒感をもたらした。反感を露わにした街頭抗議や強硬なデモが起き、全国30万人の認可タクシー運転手がこれを後押しした。

　この論争は、ビジネスと社会の両方に広範な意味合いをもたらしたため、さまざまなビジネス団体や地域団体、政府、法的機関、メディア、さらには関心を寄せる学界をも引き寄せた。議論の核心をなすのは、Ｔａｄａのモビリティ・イノベーションによる経済への貢献と、それが引き起こした社会紛争と混乱のコストを、どう天秤にかけるかだった。

　Ｔａｄａのサービスは、韓国の旅客運送事業法の例外条項に基づくものであり、運転手がタクシー免許を保持していなくても、11～15の座席を持つ車両であれば、運送サービスの対価を得て構わないとされていた。Ｔａｄａのサービスは合法だったが、この例外条項は本来、バンを用いたタクシーではなく、観光業者の団体ツアーを後押しするために設けられていた。

　Ｔａｄａと法律の抜け穴を巧みに利用するやり方への批判が燃えさかり、２０２０年４月に韓国国会は、Ｔａｄａのようなタクシー事業の禁止を具体的な目的として法律改正を行った。Ｔａｄａは懸命に抵抗して裁判に訴えたが、憲法裁判所は「Ｔａｄａのサービスは社会の対立を激しくあおった」として、訴えを退けた。改正法が成立して運送業界における公平な競争条件が整った。

　スマイル・ダイレクト・クラブ（ＳＤＣ）の事例もある。ＳＤＣは、遠隔歯科治療《テレデンティストリー》と、３Ｄプリンターで作成した透明な矯正用アライナーを活用することにより、10億ドル規模の矯正歯科業界をディスラプトしようとした。費用は1895ドル（通常の矯正は5000〜7000ドル）、治療期間は6カ月（通常は24カ月）である。しかも矯正歯科医院に何度も通う必要がないことから、SDCの製品は急速に普及した。ところが、会社が成長するにつれて訴訟の嵐に見舞われ、経営陣の時間と会社のリソースのかなりの部分をその対応に振り向けざるを得ない状況に陥る。2017年4月には会員数1万8000人の米国矯正歯科協会が、「SDCは歯科医師法に違反している」として36の州で苦情を申し立て、基準を満たす措置を行うには、基本的には従来どおり歯科矯正医院に来院してもらう必要があると訴えた。

SDCには多くの好意的なカスタマーレビューが寄せられていたが、米国歯科医師会はそのようなサービスの利用回避を強く推奨する決議案を採択した。そして2018年5月、カリフォルニア州歯科委員会（DBC）の執行部門の調査官が、通常の監査を実施する代わりに白昼堂々とSDCの店舗への家宅捜索を命じ、顧客と従業員を怯えさせたという。この捜索のニュースはソーシャルメディアで拡散され、SDCの信用とイメージを傷つけた。同社はDBCに対し、規制当局が市場参加者に操られて州の監督なしに行動を起こしたのは、独占禁止法違反に当たるとして、法的措置を求めている。

TadaとSDCのディスラプティブな動きは、従来の業界慣行とステークホルダーを念頭に規則が設けられていた既存業界に、挑戦するものであった。ディスラプションを仕掛ける側の企業が工夫を凝らして規制の抜け穴を突いたり、既存業界を脅かす極めて異質なビジネスモデルで業界慣行に挑んだりする際には、当局や業界団体がそれを察知して規制の隙間を埋めようとしたり、ディスラプティブな結果を最小限に抑え、外部のステークホルダーの反対や苦情に応えようとして、新しいビジネスモデルの実現を妨げるような議論を展開したりする状況に、備えなければならない。アマゾンの事例では、欧州のいくつかの国が街の書店を救うために、アマゾンの割引率に法律上の上限を設けている。

非ディスラプティブな創造は大がかりな倒産や解雇を引き起こさないため、敵対的な反応をおおむね回避できる。業界の垣根の外側でまったく新しい問題を解決したり、かつてない機会を創造したりするため、世の中はひとたび製品やサービス、そしてそれらの価値を理解したなら、非ディスラプティブな市場イノベーションを受け入れる傾向がある。ポスト・イット、ミュージック：ノット・インポッシブル（M：NI）、スクエア・リーダー、『セサミストリート』、GoPro、マイクロファイナンス、バイアグラ、ペット用のハロウィン・コスチュームはいずれも、外部のステークホルダーを刺激しなかった。訴訟の乱発、イノベーションの阻止や抑制を狙ったロビー活動、地元の雇用圧迫への反撃などは起きなかったのである。

「この業界では非ディスラプティブな創造は不可能」というのは本当か

金融は競争が最も苛烈な業界のひとつである。金融セクターの企業は、一流ビジネススクールの出身者、しかも最優秀層だけを採用する傾向がある。この業界の人々は長時間労働で知られ、意欲満々であるうえ競争心が強いことでも有名である。すなわち、ベンチャー・キャピタル、投資銀行、ヘッジファンド、プライベート・エクイティ、コーポレート・ファイナンス、リテール・バンキング、コンシューマー・バンキングといった分野の人々だ。

金融業界は規制強化の波にもさらされており、政府による規制が最も厳しい分野のひとつである。資本、ストレステスト、透明性、顧客の本人確認をめぐる新たな法的要件や、マネー・ロンダリング防止に関する規制が注目を集めている。他方ではグローバルな規制枠組みが細分化しつつあるため、金融機関は意味合いがいまだ不透明でともすれば未確定の法的要件との苦闘を強いられている。

金融業界が直面するような激しい競争と厳しい規制は、組織や個人が「(非ディスラプティブな創造は)この業界では不可能だ」と主張する際に挙げる最も一般的な要因のひとつである。彼らは、激しい競争の下ではあらゆるイノベーション機会が試みられるうえ、厳しい規制が企業をがんじがらめにするせいで革新的な行動が妨げられる、と理屈をつける。

ところが、競争が激しく規制の厳しい金融業界の現状は、上記のような理屈と相容れない。マイクロファイナンス、スクエア・リーダー、キックスターターが生み出した数百万ドル、数十億ドル規模の非ディスラプティブな産業の例がある。加えて、ＩＮＳＥＡＤの卒業生によって設立された2社が先頃成し遂げた、非ディスラプティブな創造を考えてみよう。

海外での高等教育を希望する学生数は年々増加しており、世界的な傾向でもある。ところが大多数の国では、現地に連帯保証人がいるか、十分な信用実績や担保を持たないかぎり、ローンで学資を賄うのは容易ではない。これは多くの学生にとって未解決の重大な課題となっている。志望を棚上げするか、学資を集めるために留学を何年も先延ばしにしなければならないのだ。

英国を本拠とするプロディジー・ファイナンスは、長らく放置されていたこの問題の解決に向けて立ち上がった。創業者たちは、いかに多くの学生がこの問題に直面し、仕方なく入学を遅らせていたかを、ＩＮＳＥＡＤで目の当たりにしていた。プロディジーの設立者のひとり、キャメロン・スティーブンスは、「難題はビジネススクールの入学許可を得ることだと思っていたのですが、蓋を開けてみると、これはむしろ容易なほうでした。大変なのは、海外で高等教育を受けるための融資を勝ち取ることだったのです。どの銀行も対応していませんでした」。解決策は、現地の連帯保証人や担保を必要としない留学生向けローンの新たなモデルだった。留学生は留学先での信用履歴を有しないため、これにも依存しないモデルが求められた。

プロディジーは、海外で高等教育を修めようとする学生は非常にモチベーションが高いことに気づいた。その多くは、自身のキャリア展望をいっそう明るいものにするために、最高の教育機関で学ぼうとする。プロディジーは、学業成績や将来見込めそうな収入といった強みをもとに留学生を評価することで、従来は「貸与不適格」だった留学生に夢を実現するための資金を提供し、貸倒率を低く抑制できる。同じくＩＮＳＥＡＤの卒業生が米国に設立したＭＰＯＷＥＲファイナンシングと同様に、次世代のグローバル人材を輩出する数十億ドル規模の非ディスラプティブな新市場を開拓して、潤沢な利益を得ている。

２０１４年設立のコント・ニッケル（現ニッケル）は、フランスではどの町にも複数の銀行があるにもかかわらず、非ディスラプティブな創造の大きな機会が広がっていると考えた。フランス最大級の銀行ＢＮＰは２０１８年、コント・ニッケルの株式の95％を2億ユーロで取得すると同時に、ニッケルへと社名を変更した。フランスでは経済的な事情により銀行から取引を断られている人々が多い。具体的には定職に就かず収入が不安定な人々、若者、低所得者、経済的に自立していない失業者などであり、フランスの全人口のほぼ8％を占める。しかし彼らにとってさえ、携帯電話のような必需サービスすら現金払いができなくなりつつある状況下では、クレジットカードの必要性は高まってきている。

ニッケルは、銀行口座を持てないフランスの人々のためにまったく新しい機会を創造しようと乗り出した。その答えは「箱入り銀行」だった。滞在許可証と携帯電話だけあれば、10分未満で口座を開設でき、収入証明も求められない。簡単で、差別とは無縁。しかも速い。手順はこうだ。フランス国内に点在する4000のニュース・エージェンシーのいずれかに立ち寄り、身分証明書を提示して明るいオレンジ色の箱を受け取る。中に入っているのは、IBANコードと海外でも使えるデビット・マスターカード。これらすべてがわずか20ユーロである。口座管理は完全に電子化されており、インターネット・バンキング、オンライン明細、テキストメッセージなどが使われる。一律50ユーロの年間手数料を支払うと、ATMでの現金引き出し、提携ニュース・エージェンシーでの現金入出金、電子的な資金移動が行える。オレンジ色の箱を手にした瞬間から、クレジットカードとニッケル口座が利用できる。ニュース・エージェンシーに当初の預け入れ金額を渡すだけで、口座が開設されて運用が始まるのだ。

あるいはアフリカ大陸に飛び、2007年にケニアで開始された、非ディスラプティブな市場創造型イノベーション、M-PESAを考えてみよう。以前、ケニアの経済は主に現金で回っており、銀行は人口のごく一部しか利用できず、主要都市の中心部にしかなかった。しかし、現金を持ち歩くと路上強盗や置き引きの標的になり、自宅に現金を隠しておくと常習窃盗犯を寄せつけた。そのうえ、風習に従って村の家族のために現金を持ち帰るには、苦労して稼いだお金でバスに乗らなければならず、バスは現金を目当てに徘徊する盗賊たちによって頻繁に停められてしまうのだった。

M－PESAはこれらの状況を一変させた。人々と社会の双方を苦しめていた、未解決の差し迫った問題を解決するために登場したサービスなのだ。

ボーダフォンの現地子会社サファリコムが始めたM－PESAは、携帯電話のアカウントを用いて現金の送金、受け取り、保管、請求書の支払い、給料の預け入れすべてを、安全性とセキュリティが確保された環境下で低コストで行えるサービスである。現金の預け入れや引き出しを行うには、タバコやチューインガムを販売する全国数千のキオスクに行き、担当者に現金を渡せばよい。担当者は台帳に金額を記録し、ユーザーの携帯電話アカウントに登録する。その資金はボタンを押すだけでケニア国内の誰にでも送金でき、受取人のもとには送金者名を知らせる通知が届く。引き出すときも同様にキオスクへ行き、担当者に口座残高を示して必要額を伝えればよい。取引に応じて手数料がかかる。

M－PESAの誕生を受けて、新たな需要が急拡大した。M－PESAは現在、3500万人超ものアクティブな顧客を持ち、7カ国でほぼ40万の代理店が営業している。2020年には110億回超、1秒当たりでは平均500回前後の取引が行われた。2017年にはケニアのGDPのほぼ50%、すなわち約3兆6000億ケニアシリング（290億ユーロ）に相当する金額が、M－PESAによって扱われた。M－PESAが創出した非ディスラプティブな市場は、今やサファリコムの売上全体の30%超を占めている。

先進国と発展途上国の両方において最も競争が激しく規制の厳しい業界のひとつにおいて、これまで紹介してきた諸々の企業がかつてない種類の市場を創造する機会を目の当たりにしたのだ。では、あなたは何ができるだろうか。金融業界だけにとどまらず誰もが、非ディスラプティブな創造がいかに広範囲に及び実現可能であるかを、悟る必要がある。

非ディスラプティブな創造が業績にもたらす影響

今日の社会はテクノロジーへの関心が強いが、それにもかかわらず3Mは発売から40年経った現在も毎年10億ドル相当ものポスト・イット・ノートを販売している。バイアグラは特許切れから10年を経た現在でも、ファイザーに毎年約5億ドルをもたらしている。また、サファリコムのM－PESAは年間8億ドル近くを売り上げている。ただし、このような非ディスラプティブな創造だけが、これら企業の利益ある成長に多大な影響を及ぼしてきたのではない。スクエア・リーダー、GoPro、プロディジー、キュナードの非ディスラプティブな創造も類似の影響をもたらしてきたのである。

組織が現在の市場ポジションの強化を試みると同時に、将来に向けて成長を生み出して加速させようとする際に、非ディスラプティブな機会を追求すると、数百万ドル、数十億ドル規模の新市場、時としては既存の製品やサービスと同等あるいはそれ以上の新市場を切り開くことが可能である。(注8)

これは、パーク24という企業が、こともあろうに密集度が高く混雑した日本の大都市において、非ディスラプティブな市場を創造した際の経験にも通じる。パーク24は当初、駐車場のオーナーや管理会社向けに「駐車禁止」の標識や駐車設備を製造・提供する会社として出発した。しかし、収益性の高い次なる成長機会の数々を求める中で、非ディスラプティブな創造の機会に目を留めた。密集度の極めて高い日本の都市部では、駐車場不足が深刻な問題だったが、長らく甘受されていた。道路は狭く、自動車、自転車やオートバイ、歩行者で溢れかえり、路上駐車は交通の大きな妨げになるため通常は禁止されている。そのうえ適当な用地が少ないため、駐車場にできるだけの広い区画を見つけるのは困難を極め、たとえ見つかったとしても、土地代はたいてい法外だった。満たされない膨大な需要があるにもかかわらず、駐車場事業は挑戦意欲の湧くような儲かるビジネスではなかったのだ。

パーク24が構想した市場革新は、駐車場をそこかしこにあるコンビニエンスストアと同じくらい身近なものにする、というものだった。この「コンビニのような駐車場」というまったく新しいコンセプト（小さな駐車スペースが市内の至るところにある様子を想像してほしい）を実現するために、活気溢れる街中に点在する小さな遊休地を探し回ると、人気スポットのそばにほぼ遊休状態の土地がいくつも見つかった。所有者たちは、これらの土地を他の広大な土地とともに相続し、持て余していたのだ。あるいは、適正価格での引き合いがあるまで放置していたのかもしれない。

パーク24の非ディスラプティブな事業は、このような半端な土地を貸して労せずに遊休地を収益源に変える道を所有者にもたらし、土地を平均で4〜7台分の駐車スペースを持つパーク24タイムズ駐車場へと衣替えした。駐車場は完全に自動化されており、車両が空きスペースに駐車すると、ポンプが作動してフラップ板が上昇し、車両を固定する。料金が支払われた場合のみ、フラップ板が下がって車両が駐車場から出ることができる。自動化の恩恵により、パーク24はコンビニのような駐車場を低コストで迅速に展開できた。人手が不要であるため営業時間の制約もない。利用者に必要最小限の短時間駐車を促し、回転率を高めて多くのドライバーに駐車機会をもたらす狙いから、当初は20分ごとの一律料金を設定していた。利用者は目的地の近くに駐車でき、利便性と安全性を享受した。

タイムズのブランド力の急上昇に伴い、パーク24は遊休地だけでなく土地の「遊休時間」をも活用して、まったく新しい駐車場市場を増やすことができた。町の中心部の好立地は、たいてい大手銀行や役所の施設などが占め、平日の営業時間内にしか利用されていなかった。パーク24は営業時間外や週末、銀行の休業日に遊休駐車場を貸し出すよう、銀行や役所と交渉して、自社ブランドの駐車場を飛躍的に拡大させた。これによって、銀行や役所はコスト要因を収益源に変えることができた。

パーク24グループは今日、年間約30億ドルを売り上げる持ち株会社となっている。誰もが解決不可能だと考え甘受していた積年の課題に取り組み、急拡大する非ディスラプティブな市場を創出した。日本の主要都市において駐車場不足は依然として深刻な問題ではあるが、駐車スロットの数は10年間で4倍超にまで増加した。これは主として、年間10億ドル超を稼ぎ出すパーク24のタイムズ駐車場という、非ディスラプティブな市場の恩恵による。

「奇想天外」なものから「ありふれた」ものまで

人類は星や宇宙について知りたくても、はるか彼方からその驚異を感じ取るだけの視力を持たなかったが、望遠鏡という非ディスラプティブな創造物が考案された。また、病気の治療法を探り出すためにバクテリアやウイルスの構造を見たいと考えたとき、顕微鏡という非ディスラプティブな創造物が生まれた。非ディスラプティブな創造は、火星に最初のコミュニティを作るというイーロン・マスクの野望のように「奇想天外」なものかもしれない。また、パーク24タイムズのようにはるかにありふれたものかもしれない。非ディスラプティブな機会が並外れたものであるにせよ、身近なものであるにせよ、例外なく既存の業界からは逸脱している。過去のデータからわかっているのは、非ディスラプティブな創造こそが利益を伴う成長の魅力溢れる源泉だということだ。

次章では、グローバル経済に広く影響を及ぼす2つの重要な新興トレンドを紹介するとともに、それらが現在と将来における非ディスラプティブな創造の実現にますます重きを置くであろう理由を説明していく。

第4章

非ディスラプティブな創造の重要性の高まり

The Rising Importance of Nondisruptive Creation

ノーベル経済学賞の受賞者にして、20世紀の最も影響力ある思想的リーダーのひとりと呼んでも過言ではないミルトン・フリードマンが、株主至上主義を掲げてからというもの、経済的利益の最大化と社会善の最大化とのあいだにはトレードオフが存在すると考えられてきた。フリードマンの理論は今日の資本主義の柱をなしている。その主張は「企業の唯一の目的は株主のために利益を上げることだ」というものだ。企業が欺瞞や不正に手を染めずにルールに従っているかぎり、「企業の社会的責任はただひとつ、経営資源を活用して、利益の増大につながる活動に携わることである」と主張した。(注1) 利益ひいては株主価値を最大化すれば、社会に十分な便益をもたらすことになる。この枠組みの外にある社会問題は、企業が取り組むべき活動の範疇を超えている。

これが過去50年間にわたって経済思想を支配してきた考え方である。しかし、多大な経済的利益をもたらしてきたにもかかわらず、この考え方にはしだいに疑問が投げかけられている。利益の最大化を追求するあまり、痛みの大きい負の外部性を社会やコミュニティに課してきた状況に、世の中が気づきつつあるのだ。世の中はこのような外部性について声を上げる傾向を強めており、往々にしてミレニアル世代やZ世代が先頭に立って、企業に対しては利益追求にとどまらない使命を掲げるように、そして株主に対しては企業行動が広く社会のさまざまな利害関係者に及ぼす影響を考慮するように、求めている。

「社会的責任を果たすべきだ」という要求に対して企業は従来、主として本社が社会的責任関連の施策を立案・実行したり、慈善事業を行ったりしてきた。ただしこの場合、社会善とステークホルダーへの配慮は、意図や目的がどうあれ例外なく事実上のコストとなる。言い換えるなら、どのようにに稼ぐかではなく、どのように支出するかをとおして、ステークホルダーの利益や社会善に貢献しようとするのだ。

この手法には、経済善と社会善をそもそも別個に扱うという欠点がある。縦割りなのである。従って経済状況が厳しくなると当然ながら、上記のような取り組みは往々にして縮小され、放棄される場合さえある。多かれ少なかれ、経済成長というメイン・イベントに付随するものにとどまる。しかし、経済善に代えて社会善を事業の重点に据えるべきだとする主張は、いかにも脇が甘い。人々からどれほど声高に求められようとも、社会善の実践に重点を置くだけでは効果は上がらない。これが厳然たる現実なのだ。経済面で成功しないかぎり、社会善を実践するための資金は生まれ得ない。成長軌道に乗った経済とは、富という重要な果実を生み出す経済であり、その富が、社会問題に取り組むうえで不可欠のリソースと雇用創出の基盤、両方をもたらすのである。

社会善と株主の利害を切り離すのではなく、この2つの融合に向けて努力するほうが、より効果的だと思われる。これにより、社会的責任を担う資本主義の実践に近づくことができるだろう。現実に、その必要性をめぐる議論は増えてきている。(注2) とはいえ、ステークホルダー、ステークホルダー理論、ステークホルダー資本主義という概念が何十年も前から存在するにもかかわらず、企業の成長や利益を阻害するのではなくむしろ促進しながらどうこれを実現するかについての具体的な提案は少なく、十分とはいえない。それでも今日の多くのリーダーたちは、まさにこの実現を企業に求めている。

こうした要請に応えるために企業は、自社と社会にとってＷｉｎ－Ｗｉｎとなるような戦略の追求を、いっそう迫られている。成長のためのイノベーション戦略も例外ではない。では、経済成長の重要な原動力であるイノベーションが、社会にとってポジティブサムになるような役割を果たさなければならないのであれば、将来に向けた現実的な戦略の方向性とはどのようなものだろうか。経済成長と社会善との長年のトレードオフをなし崩しにするようなイノベーション戦略は、どうすれば構築できるのだろうか。

これらの問いに答えるのは容易ではなく、直感的にできるものでもない。しかも、この目標を果たす方法が多岐にわたるのはほぼ確実だろう。ただし第2章で学んだように、新規市場のイノベーションに関しては非ディスラプティブな創造が、この課題に取り組むための実行可能な道筋を示している。ここでは社会善は副次的な事柄ではなく、破壊なき創造という性質そのものによって経済善に組み込まれ、その結果として非ディスラプティブな成長を実現する。言葉を換えるなら、非ディスラプティブな創造においては、社会善は資金の使い方をとおして達成されるのではなく、他でもない、生き残りと繁栄に向けた資金の作り方をとおして達成へと近づくのである。非ディスラプティブな創造は経済善を損なうのではなく、むしろ経済善と社会善の距離を縮めて足並みを揃えさせる。

一部には、企業の社会的責任を評価し果たさせるための政府施策は、ビジネスの現実と乖離している場合にはお門違いになるとする見方もある。ステークホルダー、ステークホルダー理論、ステークホルダー資本主義という概念と、これらを具現化する方法とは区別する必要があるが、このような制度的手段は、よくも悪くも理念そのものに対する批判の対象となる。このような批判への対処の一歩を提案したい。

人々は、自身の働く会社が暮らしによい影響を与える革新的な製品やサービスを生み出すだけでなく、それによって誰かの暮らしを台無しにすることもないと、信じたいのである。つまり本書でいう「社会善」とは、市場創造が市場破壊を伴う場合に発生するような企業の倒産、雇用の喪失、コミュニティの荒廃といった弊害を社会にもたらさずに新たな市場を革新する、非ディスラプティブな創造のユニークな力を意味する。

このトレードオフを打破する重要性が高まりつつある状況は、筆者らが非ディスラプティブな創造は将来的に重みを増す一方だと考える主な理由のひとつを、浮き彫りにしている。そして、責任ある経営者がこれを無視するわけにはいかない理由でもある。もうひとつの大きな理由は、目前に迫る第４次産業革命である。

第4次産業革命の挑戦

産業革命はひとつながりの出来事と見なされがちだが、連続した4つの革命、あるいはパラダイムシフトと理解したほうがよい。18世紀後半に始まった第1次産業革命は、機械化と蒸気動力が起爆剤だった。19世紀の第2次産業革命は、大量生産、電気、組み立てラインが原動力だった。20世紀に起きた第3次産業革命では、コンピュータ、オートメーション、IT技術が普及した。

そして私たちが今まさに体験している第4次産業革命では、AI、スマートマシン、ロボティクス、ブロックチェーン、VR（仮想現実）に代表される、指数関数的に進化するエクスポネンシャル・テクノロジーの出現と融合が起き、すでに暮らしに影響を及ぼしている。たとえば、レストランの住所をSiriに尋ねたり、母親に電話をかけるようアレクサに頼んだりするたびに、私たちは意識しているかどうかにかかわらず、AIを利用しているのだ。

これらの新しいテクノロジーはすべて、生産性をかつてないほど飛躍的に向上させようとしている。しかも、生産性がこのように格段に高まっていくのに伴い、コスト低減と効率向上のペースも速まっていくだろう。これは好ましいことだ。生産性の向上とコストの低減は理屈の上では裁量所得の飛躍的な増加をもたらす、つまり、他のすべての条件が同じであるなら、所得1ドル当たりの購買力の上昇につながるはずである。これは二重の意味で好ましい。

ただし、ひとつだけ問題がある。このように以前より安い商品やサービスを購入し、生産性の恩恵でこれまで約束されてきた生活水準の向上を享受するためには、当然ながら職を持ち、安定収入を得なければならない。さもなければ、テクノロジーの進歩をとおしてどれほど高効率、低価格、高品質の財やサービスが生まれても、購入する術がない。そして、人々がそれらを購入できなければ、生産性アップと生活水準向上の長年にわたる関係性は崩れてしまう。

第４次産業革命の「諸刃の剣」

これこそが第４次産業革命の諸刃の剣である。スマートマシンとＡＩは想像を絶する高効率をもたらすと予想されるが、これは人間がこれまで担ってきた仕事の大部分にしだいに置き換わることによって実現する。歴史的には、テクノロジー革命を経ても人間の仕事は常に存在してきたが、今日進みつつあるテクノロジー革命は、多くの人間や頭脳に取って代わることにかけて未曾有のものである。

グローバルな予測・定量分析を手がけるオックスフォード・エコノミクスの報告書によると、スマートマシンが今後10年間で奪う製造分野の雇用は全世界で約2000万人に上り、米国では150万人を超えるという。(注3) 別の研究は、スマートマシン、ロボティクス、AI、ブロックチェーン技術、3Dプリンティング、オートメーションの影響により、今後数十年間で既存の雇用の20〜40%がリスクにさらされると予測する。また、ブルッキングス研究所の報告書によれば、今後数十年のあいだに、米国の労働者の25%が「高いエクスポージャー」に直面し、解職のリスクにさらされるという。つまり、約3600万人の雇用が消失しかねず、さらに5200万人すなわち36%が、「ほどほどの確率で解職の憂き目に遭う可能性」がある。(注4) これらいくつもの研究から引き出される結論は、経済が新たな現実に適応するまでの過渡期には特に、大きな混乱と多数の解雇が予想されるということだ。

中産階級以下の労働者を気の毒だと思うかもしれない。しかし、AIとスマートマシンが人間と同等の成果を上げる状況下では、最も難易度の高い仕事も同様に危機に瀕する。この点は未来を見据えるまでもなくわかるはずだ。エリート集団であるウォール街の投資業界を考えてみよう。すでに大手投資会社は従業員に代えて、人間をはるかに凌駕するコンピュータ・アルゴリズムをトレーディングに活用しつつある。今後10年以内には、金融機関は従業員の10%をコンピュータで代替し終え、その約35%が資産運用業務を担うと予想されている。(注5) 次にジャーナリズムを考えてみよう。この分野では経済動向に関するレポートの執筆をロボットが担うようになっており、選挙やスポーツに関する記事を執筆したり、金融レポートのダイジェスト版を作成したりするために、現在でさえオートメーションが活用されている。

歯科医療に目を向けてみよう。2017年には中国のロボット歯科医が人間の手を介さずに、3Dプリンターで作成した歯を1時間足らずで女性の口腔内に埋め込むことに成功した。そのわずか4年前にはオックスフォード大学の研究が、歯科医と歯科矯正医は最もスマートロボットによって代替されにくい仕事であると認定していた。(注6) そして、絶滅危惧種を追跡して野生生物の保護を担う研究者は、みずからが絶滅危惧種になろうとしている。ドローンを用いて映像を撮影して機械学習システムによる分析にかけると、絶滅危惧種の個体数や動きを監視できるため、研究者の仕事はドローンによって代替されつつあるのだ。

研究論文によると、米国でがん死亡原因の1位を占める肺がんや、女性のがんで最も多い乳がんの発見にかけて、AIはいくつかの点で訓練された放射線科医よりも正確性が高い。『ネイチャー・メディシン』誌に掲載された肺がんの研究では、医師がすでに存在を突き止めたがんについて、ディープラーニング・アルゴリズムは94・4%の発見精度を示したという。放射線科医がさらに断層撮影を実施できた場合、AIの判断力は医師とほぼ同等の水準だった。ところが断層撮影の結果がない場合はAIのほうが正確性が高く、偽陽性は11%、偽陰性は5%、それぞれ少なかった。(注7) ディープマインド（アルファベット傘下の企業）の協力の下で実施され、『ネイチャー』誌に掲載された乳がん研究からは、乳がんを発見する能力ではＡＩが医師を凌ぐと証明された。ひとりの放射線科医が単独で読影を担う例が多い米国では、ＡＩが読影を担うことによりマンモグラフィ検査の偽陽性率が５・７％低減した。(注8)

機械学習を基盤としてオートメーション化された意思決定システムは、契約書の作成、融資の承認、不動産価格の査定、顧客と取引すべきかどうかの判断、汚職や金融犯罪の特定といった仕事を担うようになるだろう。かつては人間の頭脳が機械に指示を出して制御していたが、スマートマシンによって代替されつつあり、人間の役割に深刻な意味合いを及ぼしている。かつては人間の専売特許と見なされていた芸術、詩、複雑なエッセイ、音楽を創作する能力さえもＡＩが備えるという厳然たる事実に、立ち向かわなくてはならない。(注9)

今日ではテクノロジーの進歩を受け、多くの大企業が売上を伸ばしてきたにもかかわらず、20年前と比べて従業員数は減少の一途をたどる。一例としてプロクター・アンド・ギャンブル（P&G）は、２０００年に４００億ドルだった売上高を２０１８年には６７０億ドルへと伸ばしたが、従業員数は11万人から９万２０００人へと減らしている。一方で、かつて世界の自動車業界に君臨したゼネラルモーターズ（ＧＭ）の売上高は、１９９８年の１６６０億ドルから２０１８年には１４７０億ドルへとおよそ12％縮小したが、従業員数は同じ期間に60万８０００人から17万３０００人へと71％も減少した。いずれにせよ、テクノロジーが生産性を爆発的に高め、産業界全体の労働力需要を下押ししているのは確かなようだ。しかも、第4次産業革命の影響が本格化するのはこれからである。

企業がより少ない人数でより多くの利益を上げるようになれば、多くの人々はしだいに居心地の悪さを感じるようになるだろう。しかし、企業の狙いが競争力の維持にあるなら、労働効率の低い人材を雇うゆとりはない。企業の眼前にある選択肢は、従業員を守るか、それとも新しいテクノロジーを導入するかではない。時代の先端をいくか、あるいは取り残されるかなのだ。後者を選ぶ企業はまずないだろうし、それを望むべきでもない。以下に理由を述べよう。

企業に圧力をかけたり面目を潰したりして、もはや必要ではない人材の保護を迫ると、効率とグローバル競争力の低下を招き、いずれは事業規模の縮小や廃業へと追い込むことになり、ひいては失業のさらなる増加と社会善のおびただしい喪失につながるだろう。

つまり私たちは、テクノロジーの進歩の効用がティッピング・ポイント（転換点）に差しかかる、まさに新時代の入り口に立っているのである。これらの進歩を受けて人間の多種多様な仕事は、ソーシャルメディアのチェック、給料の受け取り、休暇の取得、食事、さらには休憩さえ必要のない、アレクサ、Ｓｉｒｉ、ビックスビーのような新たな労働力によって、しだいに置き換えられていくだろう。（注10）

必要な新規雇用はどこからもたらされるのか

上述のように仕事を失った人々はどこで新しい仕事を見つけるのかという、避けてとおれない問いがある。仮に新しい仕事が見つからなければ、重大な社会的、経済的、心理的影響が予想される。

言うまでもなく、いずれ新しいテクノロジーがいまだ存在しない、そして目下のところは想像すらできないような仕事を創造するだろう。インターネットが普及する以前のウェブデザイナー、SEO（検索エンジン最適化）人材、あるいはソーシャルメディア関連の新しい職種の数々について考えてみよう。新規テクノロジーをサポートするためにこれらの仕事が生まれるとは、誰も予想できなかったのではないだろうか。

AIを搭載したチャットボットのようなスマートマシンは、技術サポートや顧客対応といった分野の職の多くに取って代わろうとしている。しかし、さまざまな業界で必要とされる情報を備えたチャットボット搭載AIのプログラミングや開発の分野において、人間にとって有意義な応答をするために新たな仕事が生まれることも想定できる。同様に、産業界で話題となっているメタバースのような新しいプラットフォームの開発、設計、構築は、一定の新規雇用を創造するだろう。熱気が高まるビットコイン、P2P（ピアツーピア）などの分散型ネットワーク、新しい決済基盤も同様である。ただし、これには時間がかかる。ダニエル・サスキンドが著書『WORLD WITHOUT WORK：AI時代の新「大きな政府」論』で力説しているように、雇用は新興テクノロジーやロボティクスの影響を受け、これまでの技術革命によってはもたらされなかった種類の脅威にさらされそうである。(注11)

雇用面の課題への個別企業による対応としては、アップスキリングとリスキリングが一般的である。いずれも、前述のような新しい職種が生まれたときに人材が対応できるようにしておくうえで重要である。たとえばアマゾンは、10万人の従業員がテクノロジー革命の需要に応えられるよう、7億ドルを投じて再教育と技能向上を図る計画を発表している。ただしそれでもなお従業員は、他で雇用機会を見つける必要があるかもしれないという。つまりたとえアマゾンが、テクノロジー関連の新しい職務に適応できるよう、従業員に必要以上の支援をしていても、新しいテクノロジーの出現によって必要となる正味の雇用者数は、売上高との対比では減少しそうだということだ。具体的には、物流拠点でロボットの活用を拡大する一方で、配送先への荷物運搬に連邦政府の認可を得たドローンを導入する計画を進めてきた。アマゾンは現在、最終拠点から配送先までの運搬をこなすために、何千人もの外部委託業者と契約している。ドローン配送が実現すれば、これらの仕事の多くは不要になるだろう。

アップスキリングとリスキリングの本質は、第4次産業革命がもたらす課題への供給サイドの対応である。ただしアマゾンの事例が示すように、供給サイドが備えをしても、需要サイドの雇用が職を失った人材の受け皿になる保証はない。

供給サイドの備えから需要サイドの雇用へ

ではどうすればよいのだろう。企業や経済がテクノロジーの新たな現実に呑み込まれる中、必要とされる雇用はどこから生まれるのだろうか。

移行期においては、どうすれば解雇に対処し、雇用や地域社会の経済的・社会的安定への悪影響を和らげることができるのだろうか。

スキルの再訓練は答えの一部となるだろう。失業者への資金援助、人的資本への投資に対する減税措置、脆弱な地域経済やコミュニティへのテコ入れなど、これまで提案されてきた他の施策も同様である。これらのアイデアには利点があり、果たすべき役割もあるが、筆者らが問題の根底にあると見なす事象には対処していない。いずれのアイデアも、経済が最も必要とし、人々に生きがいを与えるもの、すなわち雇用の創出につながるわけではないのだ。アップスキリングやリスキリングと同様、これらはすべて、ＡＩやスマートマシンがもたらす課題への供給サイドの対応策なのである。

雇用は重要である。

自分と家族を養えるだけの仕事があれば人々は繁栄する。雇用の足りない地域や社会はともすれば心身両面で不健康な環境となり、手持ち無沙汰な時間が増えて人生の方向性や意味が失われるせいで、薬物使用、厭世気分、犯罪が助長される。稼げる仕事がないと、人々は不毛な生活を送り、社会全体の安定にとって危険な存在となりかねない。世の中がいっせいに省力化とコスト削減につながる技術、とりわけAIテクノロジーの普及を急ぐ半面、その穴を埋めるだけの雇用増が起きないなら、喪失分を補う新規雇用が生まれるまでは危険な社会状況が続きかねない。

課題は、テクノロジー革命の果実を損なわずに、いかに人間への悪影響を減らすかである。これを実現するには、需要サイドの雇用に見合った備えを供給サイドが行う必要がある。つまり、本書の冒頭から議論してきた核となる成長ドライバー、すなわち市場創造型イノベーションへと立ち返るのだ。テクノロジーの成功とそれがもたらす生産性は、創造性と新規市場創造の重要性を高める。

新規市場は例外なく、新たな成長と雇用を創出し、雇用ギャップの是正に貢献することが期待されるが、ディスラプティブな創造に基づく新規市場は、短・中期的には既存の雇用を犠牲にする。自律走行車がもたらすであろう影響を考えれば十分だろう。米国の労働人口の3％近くを占める約500万人が、タクシー、バス、配送トラック、トラクタートレーラーなどの運転に従事して家族

図4-1　2つの重要な新潮流と非ディスラプティブな創造の重要性の高まり

2つの重要な新潮流	主な意味合い	非ディスラプティブな創造
ステークホルダー資本主義	社会のディスラプションへの寛容度の低い、社会的責任を重んじる資本主義形態への機運の高まり。	社会にディスラプティブな結果をもたらさずに成長を実現する、持続可能性の高いイノベーション手法。
第4次産業革命	スマートマシンやAIが人間に取って代わり、雇用喪失の脅威が高まる。	既存の雇用に取って代わることなく、必要な新規雇用を創造する。

を養っている。米国の大多数の州では、トラック運転手は最も一般的な職業のひとつである。自律走行車のディスラプティブな創造の結果、いずれ新たな雇用が創出されることは疑いないが、自律走行車が通常の自動車やトラックに取って代わり始めると、上述のような既存職種はもろにあおりを受けるだろう。

政府や社会にとっては、他の職を脇に追いやらない新たな職の創出が課題だと考えられる。これは経済的な要請であると同時に道義的な要請でもあり、非ディスラプティブな市場創造の重要性がさらに増そうとする、もうひとつの重要な理由でもある。

マイクロファイナンスは、およそ1億4000万人に融資を行い、零細企業を立ち上げて有給職に就けるよう支援してきた。もうひとつの非ディスラプティブな産業であるライフコーチングはこれまでに推計数万人、同様に環境コンサルティングはすでに何千人もの新規雇用を創出しており、環境破壊や気候変動への社会の関心が高まるにつれて、その数は増える一方だろう。加えて宇宙軍が何万もの新規雇用をもたらすと予想できる。非ディスラプティブな創造は、誰もがこの旅に参加できるよう保証する助けとなり、これを達成するうえでは第4次産業革命によるテクノロジーの進歩が活かせる。

非ディスラプティブな創造は、目の前にある雇用面の課題への唯一の答えではない。このパズルを解くには他にも多くのピースが必要なのだ。(注12) とはいえこの種の創造は、既存の職種をさほど排除せずに新規雇用を創出してこの課題への対処を助けるうえで、ますます重要な手段となりつつある。**図4-1**は、これら2つの見逃せない新潮流をめぐる議論の骨子をまとめたものである。

政府も注目している

ステークホルダー資本主義の台頭と第4次産業革命は、今後数十年にわたる成長と雇用の創出をめぐって、経済政策に新鮮な発想を取り入れる必要性とその機会をもたらした。

企業や起業家に新しいテクノロジーの採用を奨励するのは、深い思慮に基づく賢明な判断である。そしてディスラプティブな創造は、諸業界の再生、特に古いインフラや固定資産に起因する非効率、高コスト、低品質の生産やアウトプットのせいで機能不全に陥った産業の再生にとって、重要であり続けるだろう。ただし、成長や政府資金による基礎的なR&Dに関しては、政策立案者はディスラプティブな創造に加えて、非ディスラプティブな創造の重要性についての認識を深めておくのが賢明だろう。効果的な経済とは、成長し近代化するだけでなく、誰ひとりとして取り残さず、全員が参加して果実を享受できる経済である。このような方向に進むよう社会を後押しするには、人間の創意工夫やアイデアを活かして、非ディスラプティブな方法で新規の市場と雇用を創出するのがひとつの方法である。政治家や政策立案者は特に、このメッセージを胸に刻んで地域や国のイノベーション戦略を策定することにより、事業の繁栄を促しながら、イノベーションと成長による社会的対立やコストの最小化に寄与すべきだ。

従って、政策上の対応としても事業上の対応としても、非ディスラプティブな創造は重要性を増していく可能性が高い。企業は、第4次産業革命における飛躍的なテクノロジーの進歩と生産性の高まりによって解放された資本を活用することで、用途の決まっている資本を引きはがさずに、非ディスラプティブな創造へと投資できる。

雇用創出を伴わない成長は、どのような社会にとってもコストが嵩み、危険を伴う。たとえ長期的には成長によって多くの雇用機会がもたらされるとしても、政府はこの社会的調整コストに対処し、さらには無秩序な解雇が行われた場合はその痛みにも対処する必要がある。政府は、独自の強みを持つことが明白なディスラプティブな創造だけにとどまらず、ビジネスと社会の健全な発展を維持するために、非ディスラプティブな創造という補完的な成長への道を支援する政策を定めるのが賢明だろう。

仕事を創造し成長の未来を切り開く

大きな変化が起きていることがわかっている。さらなる大変化がすぐそこまで来ていることもわかっている。ただし、失われる雇用数も創出される雇用数も、あらかじめ決まってはいない。これらの数字は結局のところ、この課題に対処するために私たちが取る（あるいは取らない）行動と、適用する（あるいは適用しない）政策にかかってくるだろう。望む仕事を創造し成長の未来を切り開くのは、私たち自身なのだ。

ただしそのためには特に、何がディスラプティブな成長と非ディスラプティブな成長を引き起こすのか、イノベーションと成長の完全なモデルはどのようなものか、理解する必要がある。そうすれば、自身のイノベーション施策がどのような成長を引き出そうとしているのか（ディスラプティブな成長か、非ディスラプティブ成長か）、さらには、どうすればこれら2つの健全な調和を実現できるのか、見極めがつく。

次章では、これらをはじめとする種々の課題とじかに向き合いながら、ここまでの学びを集約した市場創造型イノベーションの成長モデルを構築していく。

第 5 章

市場創造型イノベーションと成長への3つの道

The Three Paths to Market-Creating Innovation and Growth

原因と結果の普遍的な法則によれば、「原因には必ず結果があり、結果には必ず原因がある」という。過食をすれば体重が増える可能性が高い。この例では食べ物が原因、体重増加が結果である。因果関係を理解していれば、目的意識を持って人生を送りやすい。どのような行動を取ればどのような結果につながるかがわかる。すると、目指すべき結果とその実現方法を見極められる。つまり、健全な体重を維持したいのなら、食べすぎを控え、節度ある食生活を送るべきだとわかるのだ。

原因と結果の法則は、新市場のイノベーションにも同様に作用し、同様の価値を持つ。ただし、この法則を活用して意図的にイノベーションに取り組むには、まずは関係性がどのようなものであるかを理解する必要がある。別の種類ではなく、ある特定の種類の市場創造型イノベーションの引き金となるのが何であるかを、理解する必要がある。そして、ディスラプティブな創造と非ディスラプティブな創造の両方を包含するような、全体像を把握する必要がある。なぜなら、この2つは相補的な関係にあり、単独または協調して新たな成長を生み出すからだ。どちらか一方に焦点を絞ると、市場創造の機会についての評価が不完全で偏ったものになり、近い将来における市場創造の途轍もない可能性を十分に展望できなくなる。

(他のタイプではなく)特定のタイプの市場創造型イノベーションをもたらすものは、何だろうか。ディスラプティブな創造ではなく、非ディスラプティブな創造を引き起こすのは何か。また、チームとともに有意義な議論をするために、市場創造型イノベーションの全体像を把握するには、どうすればよいのだろうか。以上の問いは、新市場創造に向けた組織の取り組みを評価して戦略的に推進するうえで極めて重要であるにもかかわらず、現在のイノベーション理論にはこれらを扱うための統一的で明快なフレームワークが欠けている。

筆者らは、どのタイプの市場創造型イノベーションが起きるかを決定づける主要因はおおむね、対処すべき課題や事業機会の種類であることを突き止めた。言い換えるなら、取り組もうとする課題や事業機会の種類すなわち原因が、実現しようとする市場創造型イノベーションの種類すなわち結果を決定づけるのだ。

市場創造型イノベーション戦略の成長モデル

筆者らの研究からは、新規市場を革新するための3つの包括的な道筋が明らかになった。

- 業界がかねてから抱える問題へのブレークスルー的な解決策をもたらす。
- 業界の既存の問題を再定義したうえで解決する。
- まったく新しい課題を特定して解決するか、既存の業界の枠を超えたまったく新しい機会を創

図5-1｜市場創造型イノベーション戦略の成長モデル

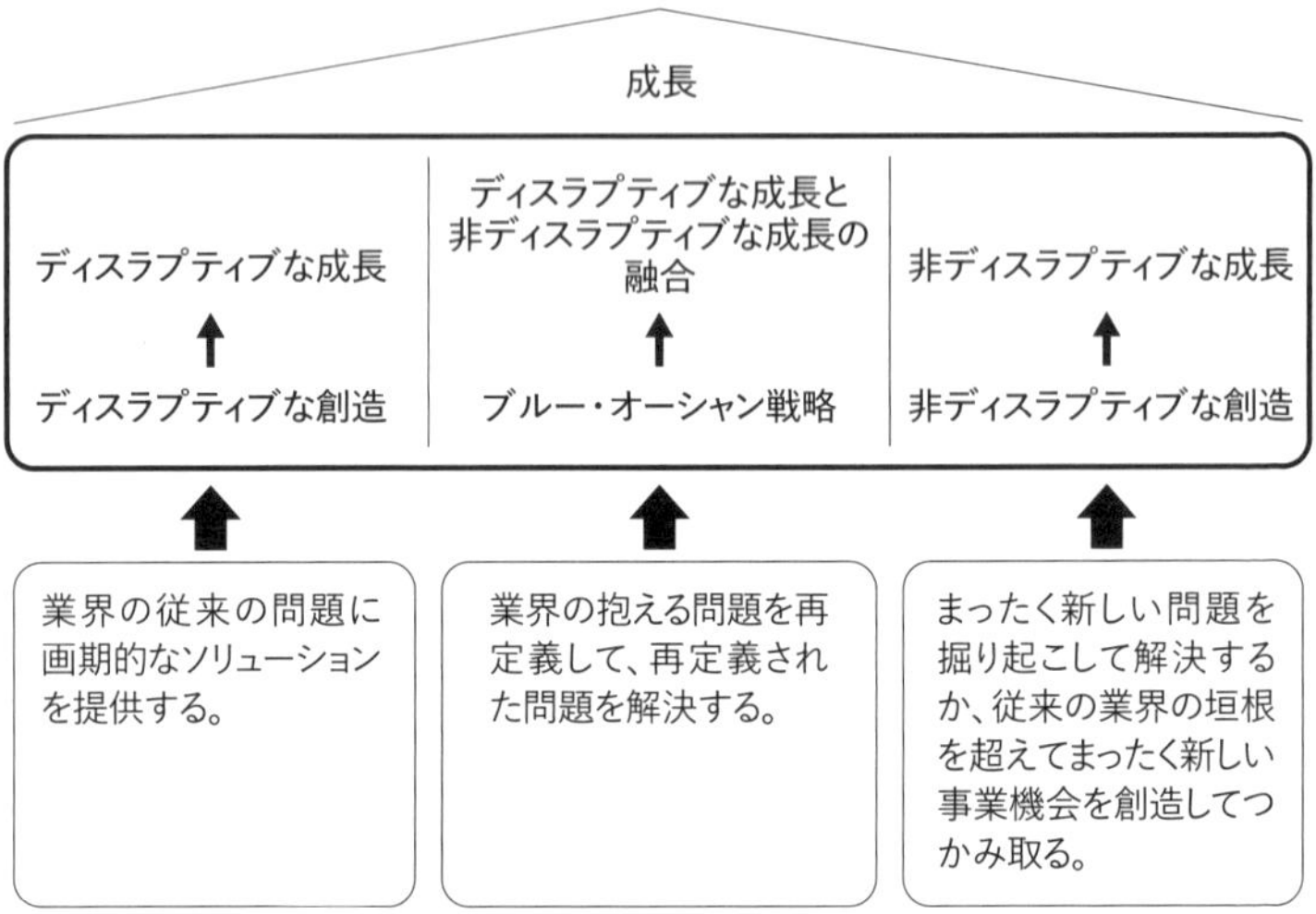
成長
ディスラプティブな成長
ディスラプティブな創造
ディスラプティブな成長と非ディスラプティブな成長の融合
ブルー・オーシャン戦略
非ディスラプティブな成長
非ディスラプティブな創造
業界の従来の問題に画期的なソリューションを提供する。
業界の抱える問題を再定義して、再定義された問題を解決する。
まったく新しい問題を掘り起こして解決するか、従来の業界の垣根を超えてまったく新しい事業機会を創造してつかみ取る。

造してつかむ。

図5-1は3つの道筋を含む網羅的なフレームワークであり、それぞれの道筋がディスラプティブな成長と非ディスラプティブな成長の異なる調和をもたらす様子を表す。（注1）この図からわかるように、業界のかねてからの課題にブレークスルー的な解決策を生み出すと、ディスラプティブな創造とディスラプティブな成長への道が開ける。既存の業界の枠にはまらない、まったく新しい問題を突き止めて解決すると、あるいはまったく新しい機会をつかむと、非ディスラプティブな創造と非ディスラプティブな成長への道が開ける。この2つは市場創造型イノベーションのスペクトラムの両端

に位置し、これらのあいだには、既存の業界の問題を再定義し、再定義された問題を解決するという道がある。これがブルー・オーシャン戦略の本質であり、ディスラプティブな成長と非ディスラプティブな成長が、よりよく調和して実現されるのだ。(注2)

このモデルを理解することは大きな意味を持つ。なぜなら、どのようなタイプの市場創造型イノベーションと成長を達成しようとしているのかを、極めて強い目的意識の下で見極めるうえで有用だと考えられるからだ。これによって運頼みを脱し、非ディスラプティブであろうとなかろうと、実現しようと決めた種類の市場イノベーションに意識的に努力を振り向け、慎重にリソースを投入できるだろう。以下、おのおのの道筋を個々に見ていこう。

ディスラプティブな創造への道

業界のかねてからの問題に画期的な解決策をもたらすと、既存の企業や市場の核心に切り込むことになる。この結果、業界のすでにある垣根の内側に新市場が創出されるため、当初からであれ、時間の経過とともにであれ、古いものが新しいものによって置き換えられる。音楽ビジネスを考えてみよう。CDがカセットテープを駆逐したのは、録音をいかに保存、再生するのがよいかという、業界がかねてから抱えていた問題に画期的な解決策をもたらしたからである。従来の方法とは打って変わって、CDは「完璧なサウンドを永遠に」提供し、ねじれたカセットテープのような音割れや音詰まりもなく、楽曲から他の楽曲への移行もごく自然だった。当然のように、CDは瞬く間にカセットテープに取って代わり、標準的な音楽媒体となった。CDは長らく重宝されていたが、やがてアップルのiPodが登場し、音楽をどう保存・再生するかという問題にいっそう画期的な解決策をもたらした。人々は雪崩を打って、今や時代遅れとなったCDから、音楽ライブラリー全体に簡単にアクセスできるiPodなどのMP3プレーヤーへと乗り換えた。

その後スマートフォンが登場し、同様の影響をMP3プレーヤーに及ぼした。アップルのiPhoneをはじめとするスマートフォンがiPodに実質的に取って代わったため、iPodについて聞いたことさえない若者がしだいに増えてきている。いずれの事例においても、既存の製品と市場は事実上、ブレークスルー的なソリューションによって駆逐されたのだ。

これらのブレークスルー・ソリューションはおのおの当初はハイエンドに投入されたが、ローエンドに投入されたブレークスルー・ソリューションも、ほぼ同じような経過をたどる。ナビゲーションを取り上げたい。車載GPSはナビゲーションにハイエンドから革命を起こし、車のグローブボックスに道路地図を入れておく必要性をなくしたが、スマートフォン、Waze（携帯電話用ナビゲーション・アプリ）、グーグルマップ、その他のモバイル・ナビゲーション・アプリの登場は、ローエンドから次なるブレークスルー・ソリューションをもたらした。無償で使いやすく、ポータブル性の極めて高いこれらアプリは、車載GPSにおおむね取って代わった。今日では、車載GPSを一度でも使ったことのある人よりも、これらのナビゲーション・アプリを利用する人のほうが多い。

この種の事例では、画期的なソリューションが既存の業界や企業を一掃するも同然である。あるいは、ブレークスルー・ソリューションが既存業界の中枢部分に大きな打撃を与えながらも、完全に駆逐するまでには至らない場合もある。たとえばウーバーは、タクシー市場のかなりの部分を瞬く間に掌中に収めたため、タクシー会社やタクシー業界は市場の著しい縮小を目の当たりにし、甚大な被害に遭い、資産価値の下落に直面した。それでも、一掃されたわけではない。

アマゾンは、まずは書籍販売、そして最近では小売全般にブレークスルー・ソリューションを持ち込み、これら業界とその既存企業におびただしい打撃を与えたが、根絶するには至っていない。独立系書店はいまだ存在して一部は復活さえ遂げており、他の小売店も数は減って珍しくなってきてはいるが、同様の状況である。

図5-2は、ディスラプティブな創造が既存業界や成長に及ぼす影響を図示している。左側はほぼ完全なディスラプションを表し、CDとMP3プレーヤー、MP3プレーヤーとスマートフォン、レンタルビデオ市場とネットフリックス、フィルム写真とデジタル写真の関係がこれに該当する。

図5-2　ディスラプティブな創造への道

既存業界の問題にブレークスルー・ソリューションを提供すると、
既存企業の核心部に痛撃を与え、
新陳代謝ひいてはディスラプティブな成長を引き起こす。

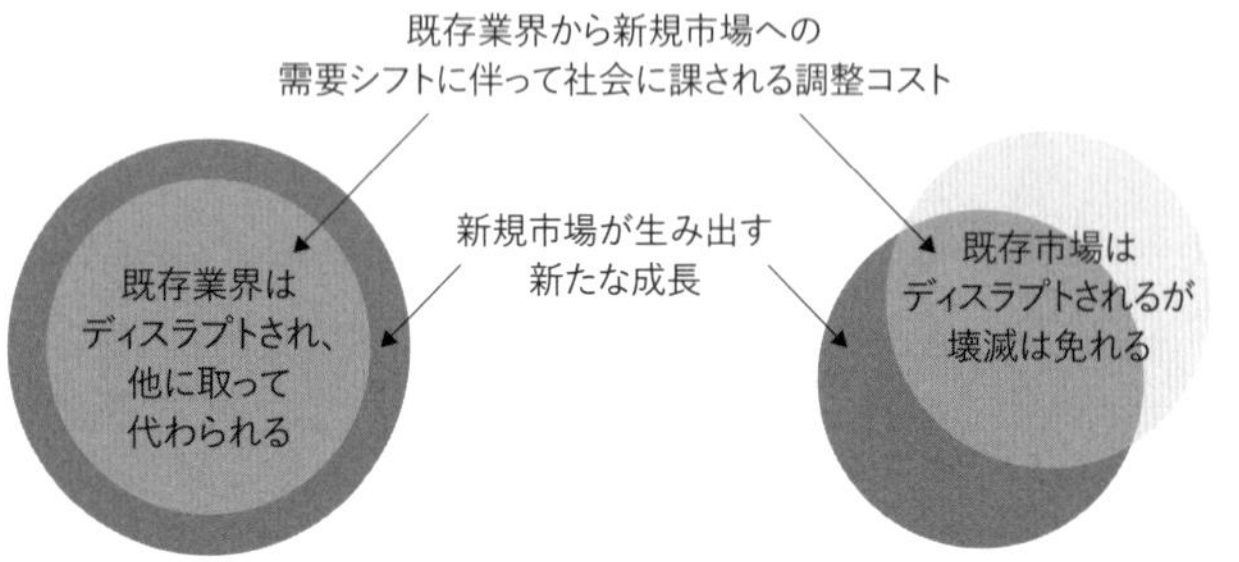

具体例：ネットフリックスvsレンタルビデオ市場、デジタル写真vsフィルム写真業界など

具体例：ウーバーなどのライドシェア・アプリvsタクシー市場、アマゾンvs書店や小売業界など

右側は、既存業界の問題に対するブレークスルー・ソリューションが、その業界をディスラプトして荒廃させるが、根絶には至らない状況を表す。ウーバーとアマゾンの事例が該当する。

図が示すとおり、いずれの場合も、ブレークスルー・ソリューションがディスラプティブな成長を引き起こし、従来の需要や雇用が既存産業から新規市場へと移る。たとえ時の経過とともに、ブレークスルー・ソリューションの価値が飛躍的に増大し、新たな需要が引き寄せられるとしても、それはディスラプティブな創造が社会に負わせるコストである。ディスラプティブな脅威が生き残っている企業を覚醒させ、消費者の利益のために経営手腕の向上を目指す後押しになれば、成長にさらに弾みがつく。このイノベーションの道を進むことによるマクロレベルの成果は、凄まじいまでのディスラプティブな成長である。

非ディスラプティブな創造への道

スペクトラムの他の端に目を転じると、既存業界の境界の外側でまったく新しい問題を特定、解決したり、まったく新しい事業機会をつかみ取ったりする組織は、非ディスラプティブな創造を実現する。この手法では、既存業界が抱える問題についてブレークスルー的な解を探すのではなく、まずこう問いかける。「既存の業界の垣根を超えて解決できる、まったく新しい問題はあるだろうか」「それらの垣根の外側に、解き放つことのできる真新しい事業機会はあるだろうか」。このように焦点をずらすと、既存の業界や企業の利益も中核も蝕まない新規市場を開拓する、これまで見えていなかった機会が視界に入ってくる。これによって生み出される需要は事実上すべて新しいものであり、非ディスラプティブな成長をもたらす。

まったく新しい問題の解決は実質的にすべて新しい事業機会につながるが、まったく新しい機会がすべて新たな問題への対処をとおして生まれるかというと、そうではない。多くは、未解決の問題や不都合とは無縁の、新たに生まれつつある価値に目を留め、解き放つことによって生み出される。eスポーツを考えてみよう。これは今日の若者が抱える問題というよりむしろ願望に応える、非ディスラプティブなサービスである。eスポーツでは身体をほとんど動かさず、手と目の連動、正確なタイミング、巧みなプランニング、クリックの速さだけで勝負する。観衆が見守るなか巨大アリーナでオンライン・ビデオゲームをプレーするチームの一挙手一投足が、パノラマ・スクリーンに映し出される。eスポーツの代表的な大会には5万人もの観客が詰めかけ、数十の言語に対応したオンライン配信を観る人々は1億人前後に上る。eスポーツは地球上で最も熱く、最も儲かるスポーツとなっているのだ。

かつてのゲームメーカーは、筋金入りのビデオゲーム・オタクが自室に閉じこもってプレーするような、手に汗握るゲームの制作・販売に重点を置いていた。ところが2000年代初めには、業界の従来の枠組みに囚われない機会を創造してつかむチャンスを見出した。ゲームが若者文化の主軸のひとつともいえる韓国では、ゲーマーも非ゲーマーも、チャットルームでオンラインゲームのトーナメントを夢中になって追いかけ、選手の戦術にコメントし、お気に入りの選手やチームについて語り合う。その様子にゲームメーカーが目を留めた。

ゲームメーカーは、バスケットボールやテニスを観戦するだけの人々がいるのと同じく、自分自身がゲーマーであるかどうかに関係なく、他人のプレーの観戦を望む人々で構成される、未開拓の巨大市場が存在することに気づき始めた。併せて、世界中のトップゲーマーを一堂に集め、それ相応の賞金を賭けて対面でプレーしてもらうことで、熱狂を生み出せるのではないかと考えた。ゲーマーは世界的な注目という栄誉に浴し、観客はお気に入りのプレーヤーを間近で見ることができ、両者は観戦型プロスポーツが常に享受してきた盛り上がりをともに味わえる。

そこでメーカーは、本格的なライブ観戦スポーツとしてのeスポーツの実現を目指して、ゲーム制作に乗り出した。つまり、ライオット・ゲームズの『リーグ・オブ・レジェンド』や『バルブ』、ヒドゥン・パス・エンターテインメントの『カウンターストライク』のような、マルチプレーヤーゲームを世に問おうというのだ。プレーするのと同じくらい観戦するのも楽しく、勝利のカギを握るのは運ではなくスキルと戦略である。メーカーはサードパーティのeスポーツ主催者と組み、超一流の熟練プレーヤーを主軸としたプロリーグやトーナメントを創設し、華やかな対面イベントを開催した。続いて、このイベントを世界中のファンに向けてライブ配信するという、旨味の大きい契約を結んだ。こうしてeスポーツは、ゲーミングそのものとは切り離された異質の観戦スポーツへと仕立て上げられた。

eスポーツはビデオゲームを、子供たちが地下室で興じる遊びから、対面型のプロスポーツイベントへと発展させた。今日この業界はかつてないほど拡大して10億ドル超を売り上げ、全世界で約1億7500万人のファンを魅了している。(注3) 実際、eスポーツを自分たちにとって急成長のチャンスと捉えるプロスポーツチームや選手は増えており、ニューヨーク・ヤンキース所属の野球選手、バスケットボールのマジック・ジョンソンとヒューストン・ロケッツ、NFLのニューイングランド・ペイトリオッツのオーナー、ロバート・クラフトなどが出資してきた。

eスポーツは、世界各地で台頭しつつある機会を捉えて、非ディスラプティブな市場を開拓した。バイアグラ、GoPro、男性向け薬用化粧品と同様に、これまでの業界の枠に収まらない、まったく新しい「商品」だったのだ。デス・ディアラブとスチュアート・クレイナーが立ち上げたThinkers50も同様である。Thinkers50は、世界各地の一流の経営思想家たちが隔年で一堂に会して同業者のコミュニティを形成し、どのアイデアが最も広範囲に大きな影響力を持ち、組織の未来をよい方向へと導く可能性があるかについての世界的なランキングを知る、まったく新しい機会を生み出した。Thinkers50が解き放った非ディスラプティブな新市場は、世界のどの国や地域においても、既存の産業やプレーヤーに取って代わったり、排除したりすることがない。規模は異なるが、eスポーツと同様に、世界のどこにおいてもディスラプションを引き起こさないのだ。

ただし第1章で述べたように、非ディスラプティブな市場創造型イノベーションは、世の中にとって新しいものであるとは限らない。一部の地域や国に特化している可能性があり、そのような例も少なくない。また、発明や新技術を要するとも限らない。

ウィサイクラーズを考えてみよう。ナイジェリアで長らく放置され当然と見なされてきた、従来の業界の枠に収まらない問題に気づき解決することによって、非ディスラプティブな新規市場を開拓し、ゴミを現金に換える社会事業を展開する企業である。ナイジェリアの経済規模は今やアフリカ最大だ。国内最多の人口を持つラゴスでは、ゴミの回収率はわずか40％であり、対象はほぼ裕福な地域に限定される。残りのゴミは路上に捨てられ、排水溝や下水道を詰まらせ、悪臭、汚物、洪水、マラリアなどの病気の原因となっている。この状況は、全人口1800万人の60％超が暮らすスラム街で特に顕著だった。

スラム街が直面する課題は2つある。ゴミ収集を希望する市民は費用負担を求められるのだが、スラム街の住民でその負担に耐えられる人はほとんどいない。しかも、たとえ支払う余裕があったとしても、ゴミ収集車がスラム街の狭くて過密な道路や路地を通って住民宅までたどり着くのは不可能である。ウィサイクラーズの創業者ビリキス・アデビイ＝アビオラは、費用とロジスティクスの両方がネックとなって自治体のゴミ収集サービスを利用できないスラム居住者のために、この問題を解決するだけでなく、まったく新しい収入機会をもたらそうと思い立った。

ウィサイクラーズは、何人ものドライバーを雇い、週に一度、安価な貨物用自転車でスラム街を走り回ってゴミ回収に当たらせている。各家庭は無償の回収サービスに申し込むことができるが、リサイクル可能なゴミの分別への同意も求められる。顧客はゴミを処理して以前より衛生的な環境

図5-3 非ディスラプティブな創造への道

まったく新しい問題を解決したり、
業界の垣根の外側でまったく新しい機会を創出してつかんだりすると、
非ディスラプティブな創造ひいては非ディスラプティブな成長を引き起こす。

明らかな社会的調整コストは生じない　　明らかな社会的調整コストは生じない

具体例：キックスターター、バイアグラ、男性用化粧品など

具体例：eスポーツ、ウィサイクラーズ、パーク24など

を手に入れるばかりか、インセンティブとして、リサイクル処理したゴミ1キロごとにポイントを付与される。ポイントは、携帯電話の通話料から日常的な食料品まで、あらゆる種類の必需品や希望の品と交換できる。

同時に、ウィサイクラーズは、分別収集された品々をリサイクル工場に売却し、工場はそれを安価な原料として他の商品に活かす。こうしてウィサイクラーズのビジネスモデルが機能するうえで必要な資金が供給される。

ウィサイクラーズによる非ディスラプティブな創造は、よりクリーンな地球、ゴミまみれでない衛生的な都市を実現したばかりか、貧困層の生活水準を向上させている。他方、ウィサイクラーズが創出した新市場は、従来の自治体によるゴミ収集を補完する役割を果たし、両者は重複することなく2つの異なる市場にサービスを提供している。

図5-3は、非ディスラプティブな創造を、互いに重ならない2つの異なる円で表しており、これらの円は、片や既存業界に、片やその垣根の外に生まれた新しい市場に相当する。左側は、キックスターター、バイアグラ、男性用化粧品のような、既存産業とはまったく異なる新しい市場の創造を表す。これらの境界は既存業界とは隔絶している。右側は、eスポーツ、ウィサイクラーズ、パーク24のように、既存産業と境界が接する新市場の創造を表す。いずれにせよ、市場の境界を超えてまったく新しい課題を解決したり、まったく新しい事業機会をつかみ取ったりする際に対象となるのは、既存業界の中核部分でも周縁部分でもない。この種の市場創造型イノベーションは、新たな成長と雇用を生み出し、社会の想像力を豊かにする。こうした道筋を追求することによって得られるマクロレベルの成果は、非ディスラプティブな成長である。

ブルー・オーシャン戦略への道

既存業界の問題の解決、業界の枠に囚われないまったく新しい問題の特定と解決、あるいはまったく新しい機会の創造。これらのあいだにブルー・オーシャン戦略への道のりがある。この場合に組織は、業界が焦点を当てる問題を再定義したうえで、業界の垣根の内側にとどまらない新鮮で創造的な視点に立って解決する。この結果、前出の図5-1で示したように、非ディスラプティブな成長とディスラプティブな成長がよりよく調和しながら実現する。

1985年設立の英国の慈善募金団体、コミック・リリーフを考えてみよう。コミック・リリーフは、富裕層の同情や後ろめたさに訴えて寄付を促す手法から、ちょっとした楽しい試みをとおして大勢に金を集めてもらう手法へと、業界の重視する問題を定義し直した。そして、派手な募金活動、年間を通した勧誘、マーケティング、お涙頂戴など、チャリティ業界が当然のように行っていた慣わしを取りやめた。代わりに2年に一度、裕福かどうかにかかわらず老若男女誰もがボランティアでおどけたパフォーマンスを行い、友人、同僚、隣人からチャリティ資金を集めるイベント、「赤い鼻の日《レッドノーズ・デイ》」を創設して、再定義後の問題を解決した。たとえば、頭にヘアカーラーをつけたままパジャマ姿で出勤したり、毛深い男性が背中の脱毛をされる姿を同僚たちの眼前で披露したり、友人から顔にパイを投げつけられたりする。すべては、楽しみながらお金を集めて他者を助けるためだ。

コミック・リリーフは従来の慈善募金団体とは異なり、チャリティ業界とコメディ業界の既存の垣根を超えて創設され、大勢の人々を魅了してきた。赤い鼻の日を祝うために、全英で小さな赤いプラスチック製の鼻が1つ1ポンドで販売される。参加への敷居が低く、楽しみながら世の中に好ましい影響を及ぼす助けをするという約束を、目に見える形で示しやすいのだ。この日は隔年でしか開催されないため、寄付者が疲れてしまうこともなく、人々は次回の開催を楽しみにする。

コミック・リリーフの市場創造型イノベーションは、英国の慈善寄付業界が解決しようとする問題と正面から向き合うのではなく、再定義したうえで解決することにより、既存業界の中心ではなく、その周縁部にのみ影響を及ぼした。この結果コミック・リリーフは、かねてから慈善寄付をしてきた富裕層の一部を引き寄せ、ディスラプティブな成長をある程度まで実現したが、その一方では、寄付経験のない人々に寄付を促して、新たに非ディスラプティブな成長をも生み出している。今日、コミック・リリーフは英国において96%のブランド認知度を誇り、赤い鼻の日は国民の祝日も同然と見なされ、国内だけで10億ポンドを超える寄付金を集めている。

同様に、アンドレ・リュウとヨハン・シュトラウス・オーケストラは、クラシック音楽業界が重視する問題を再定義して、新たな市場を創造した。「大衆のためのマエストロ」と呼ばれるリュウと彼のオーケストラは、コールドプレイ、ビヨンセ、ローリング・ストーンズと並んで過去20年間、常に世界のツアー・コンサートのトップ・ランキングに登場している。クラシック音楽の伝統的なオーケストラとは異なり、「美しく青きドナウ」「バルカロール」「オ・ミーオ・バッビーノ・カーロ」といった親しみやすいクラシックやワルツと、マイケル・ジャクソンの「ベン」やセリーヌ・ディオンのヒット曲「マイ・ハート・ウィル・ゴー・オン」といった現代音楽を組み合わせるため、多くの人々が「より親しみやすい」と感じている。

リュウはまた、仰々しい劇場を避けて代わりに大きなスタジアムでコンサートを開き、華やかな照明と音響効果、ポップ・コンサートのように楽しく、観客とのつながりを感じるような雰囲気を選ぶようになった。主要コンサートホールの平均収容人数が最大2000人であるのに対して、リュウが選ぶスタジアムは1万人超を余裕で収容できる。

リュウは、クラシック音楽のコンサートを好む人々や、かつては主にポップ・コンサートに足を運んでいた人々の一部を惹きつけるだけでなく、クラシック音楽の格式や気取った雰囲気を敬遠していた層や、コンサートに足を運ぼうとは考えもしなかった層など、多数の新規顧客を引き寄せて需要を創出している。彼のオーケストラは、クラシックないしポップミュージックの業界が解決しようとしている問題ともろには重ならない、再定義した問題を解決することにより、既存の業界の中心ではなく周縁部に照準を当てているのだ。

あるいは米国に目を転じて、スティッチ・フィックスが成し遂げた数十億ドル規模の市場創造型イノベーションを考えてみよう。スティッチ・フィックスは、オンラインのレディスアパレル業界が重視する問題を再定義した。それまで重視されていた、充実した品揃え、低価格、速やかな配送、手軽な返品をどう実現するかに代えて、いかに女性向けに完璧なファッションを取り揃えて、オンライン小売の低価格と利便性を保ちながら、買い物アドバイザー並みの専門知識を提供するかを課題に据えたのだ。女性客に、体型、サイズ、スタイル、色、素材の好み、服やアクセサリーを身に着けるシーン（仕事、夜のデート、週末のカジュアル）、予算の目安といった質問項目への回答を求める。それらの情報をもとに、買い物アドバイザーがＡＩの助けも借りながら、顧客に見えないところで服、靴、アクセサリーなどを取り揃えて、指定されたニーズや見栄えに沿ったコーディネートを組んで発送する。

スティッチ・フィックスは、既存の女性向けオンライン・アパレル業界と買い物アドバイザー業界から需要の一部を奪い、ディスラプティブな成長の一要素を実現した。しかし他方では、手頃で利便性の高いオンライン・ショッピングをとおして、各人にぴったりのファッショナブルなアパレルで女性たちに感激と驚きをもたらし、非ディスラプティブな方法でまったく新しい需要をも創出した。

図5-4はこの手法を図示したものである。この図から見て取れるように、業界が重視する問題を組織が再定義して解決する場合、そのイノベーションが狙いを定めるのは既存業界の核心部ではなく周縁部である。結果的にイノベーションは緩やかなものとなる。なぜなら、新たに生まれた市場が既存業界の周縁部から需要を奪う一方、その外側でまったく新しい需要と成長を創出するからである。

アンドレ・リュウやスティッチ・フィックスのように、新規市場が複数の市場の周縁部からシェ

図5-4 ブルー・オーシャン戦略への道

業界が重視する問題を再定義し、再定義された問題を解決すると、
ひとつないし複数の既存業界の中心ではなく周縁部に影響が及び、
ディスラプティブな成長と非ディスラプティブな成長の融合を生み出す。

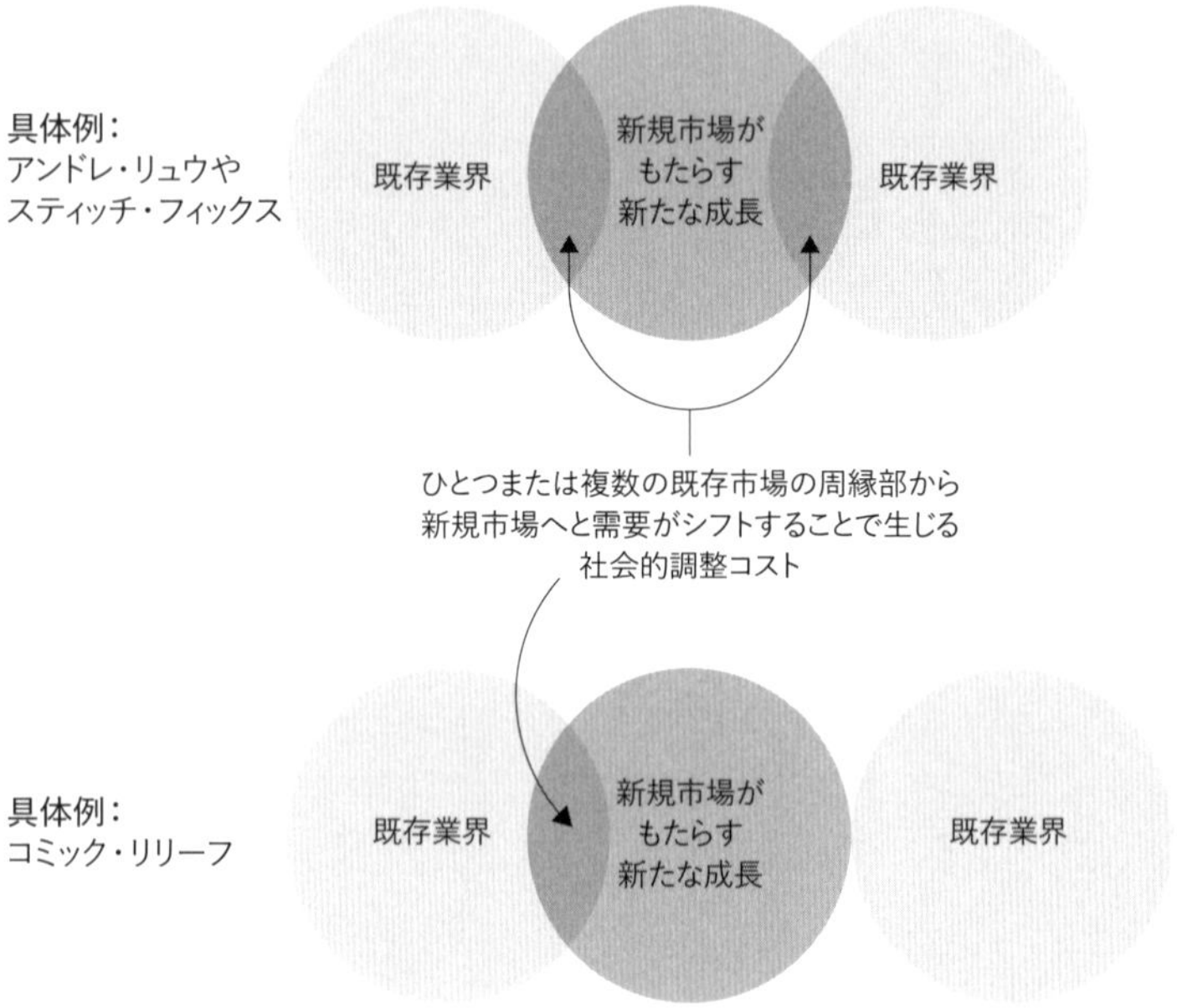

アを奪う事例は、珍しくない。スティッチ・フィックスとアンドレ・リュウはそれぞれ、女性向けオンライン・アパレル業界と買い物アドバイザー業界、クラシック音楽業界とポップミュージック業界の両方に打撃をもたらしている。これらの事例を表すのが図5‐4の上の円であり、新たな市場が既存の2市場とわずかに重なり合っている。

対照的に下の円はコミック・リリーフのように、再定義された問題が既存の一業界の周縁部のみに関係する状況を表している。これらは既存業界の境界を超えて生み出されるが、そのディスラプションはひとつの産業の周縁部のみで起きる。2つの円の重なりはディスラプティブな成長が起きる領域を示し、重なっていない部分は、新市場で起きる非ディスラプティブな成長を表す。

ここまで、ブルー・オーシャン戦略を実行に移すうえで必要なツールやフレームワークについて、重点的に書いてきた。また、既存産業をディスラプトする方法についても紙幅を費やしてきた。欠けているのは、非ディスラプティブな創造を効果的に実現するための指針である。以下ではこのトピックを扱い、本書の後半で重点的に論じていく。この目的に向けて次章では、非ディスラプティブな創造を実践するために持つべき正しい視点を取り上げる。

第2部

非ディスラプティブな創造をどう実現するか

How to Realize Nondisruptive Creation

第 6 章

適切な視点でリーダーシップを発揮する

Lead with the Right Perspectives

何十年ものあいだ、ビジネスや企業の世界では3つの考え方がもてはやされてきた。第1に、「何ができるか」を見極めるために現状を分析すべきだ。(注1) 第2に、今日では技術革新がかつてないほど市場の創造と成長のカギを握っており、この傾向は今後さらに強まっていく。(注2) 第3に、イノベーションの中心には一匹狼的で賢く、本能的な直感に優れた起業家がいるということだ。(注3)

これらが合理的な考え方であるのは疑いない。ただし、非ディスラプティブな創造を主導するうえで適切な視点ではない。考慮に入れて行動規範とすべきではあるが、喩《たと》えるなら馬ではなく荷馬車である。そして、重視すべきは馬のほうである。

筆者らは、非ディスラプティブな創造を実現する人々は、長らく受け入れられてきた主流の視点や心理状態とは多くの点で異なる、特定の視点や心理状態の下でリーダーシップを発揮していることに気づいた。これらの視点は企業リーダーの心を開き、非ディスラプティブな機会を受容しやすくするだけでなく、彼らの努力を実らせるうえでも必須である。リーダーたちの会話、期待、行動ほぼすべてに多大な影響を及ぼし、非ディスラプティブな創造の根本をなす創造性重視の文化の確立に役立つ。この好ましい視点は第7章以降において、非ディスラプティブな創造を実践するうえでの具体的な基本条件やステップを学ぶ際に、前途を照らし出してくれる。

では、どのような視点でリーダーシップを発揮すればよいのだろうか。3つの視点があり、以下でそれらをひも解いていく。

心の中の台本を投げ捨てる

非営利団体ノット・インポッシブル・ラボの創設者ミック・エベリングは、「どうしてこんなことが起きるのか」と首をひねった。南スーダンのヌバ山脈でダニエルという少年が両腕を失った。南スーダンの当時の大統領オマル・バシルは、ジェット燃料と榴散弾《りゅうさん》の詰まった55ガロンのドラム缶をこの地域に投下するという、身の毛がよだつ軍事行動を展開していた。凄まじい爆発の跡は大きなクレーターになった。ヌバ山脈の住人たちは、航空機が迫ってくると近くの狐穴や洞窟に逃げ込む術を知っていた。そして航空機が遠のくと姿を現して平常の暮らしに戻るのだった。しかし、ダニエルはそうではなかった。エベリングは後に、他にも同じような境遇の子供や大人が何千人もいることを知る。

ある日ダニエルが畑に出て家族の飼う牛を世話していると、航空機が襲来した。そばには身を隠すための狐穴も洞窟もなかったため、爆弾が破裂する瞬間、近くの樹木に腕を巻きつけた。樹木は爆風から身体を守ってくれたが、腕は吹き飛ばされた。過酷な環境と絶え間ない爆撃のせいで、この地域では生き残るだけでも十分に困難だった。まして腕を失ったのでは至難の業だった。ダニエルは、自分はもはや家族にとって重すぎる負担だろうから、できることなら死んでしまいたいと言った。

エベリングはロサンゼルスの自宅キッチンで『タイム』誌のこの記事を読んでいた。廊下の先では幼い息子たちが眠っている。エベリングは、息子たちのどちらかが両親の重荷を軽くするために死にたいと願う姿を想像してみた。そして、この悲劇的な状況を何とかしようと心に決めた。しかし、重武装したヌバ山脈には、決して足を踏み入れることはできないだろうと告げられた。1万5000ドルの義肢を買うのは、裕福な国の人々にとってさえ往々にして容易ではない、という事実が思い起こされた。しかも、義肢をダニエルの腕の切断部にぴったり合わせるのは不可能というものだ。さらには、ダニエルが必要としていたのは、肉体の一部が失われていることを隠すための腕ではなく、彼が再び自立できるように実際に機能する腕と手だった。すべて現実である。しかし、エベリングは現実に引きずられて「あるべき姿」を諦めるようなことはしなかった。

6週間も経たないうちに、エベリングは仲間たちとともに空路で南アフリカへ向かった。確固とした決意を持つ彼は、南アフリカのリチャード・ヴァン・アスという大工が丸ノコギリで4本の指を失った後、3Dプリンターで義手を製作したという情報を得た。プラスチック・フィラメントの材料は非常に安く、ラップトップPCと3Dプリンターがあれば、必要とされるものをその場で製作できた。エベリングは、ヴァン・アスから「ロボハンド」の設計、製作、試験手法を学ぶことができたなら、それをもとにダニエルに適した安くて実用的な腕と手を作れるだろうと考えた。その一方では、体の一部を失った他の人々のために義手や義足を作れるよう、現地人を指導することもできるはずだ。

エベリングは1週間、ヴァン・アスの指導の下で昼夜を問わず働き、ヴァン・アスが3Dプリンターで製作した義手と、基本的な動きを実現する仕組みについて、できる限り多くを学んだ。eメールとスカイプを駆使して、『タイム』誌の記事にも登場したヌバ山地の医師、トム・カテナに連絡を取り、エベリングと仲間たちが作業できる、最低限の動力を備えた簡易な建物を探すための支援を求めた。こうして見つかったのが、カテナの活動を支える地元の教会である。

エベリングがダニエルの窮状を知った日から4カ月後、ノット・インポッシブル・ラボの心遣いとインテルの支援により、ダニエルは150ドルで製作したシンプルながらもうまく機能する3次元の腕と手を得た。2年ぶりにスプーンを持ち、介助なしに食事ができるようになった。しかし、これは序章にすぎなかった。エベリングと仲間たちがロサンゼルスに戻った頃には、南スーダンの現地の人々が身体の一部を失った仲間たちのために、さらに3本の腕を完成させたというメッセージが届いていた。インテルの懐の深さのお陰で彼らは必要なすべての設備と、製作を続けるための大量のフィラメントなどの素材を手にしていた。ノット・インポッシブル・ラボがインテルの支援の下で南スーダンに開設した義肢3Dプリント施設は、世界に前例のないものだった。

エベリングの非ディスラプティブな創造は数々の特異性を備えている。しかし、そのような特異性はさておき、彼の視点はジャック・ドーシーが700億ドル企業スクエアを創業した際の視点、さらに言えば、筆者らが研究対象とした企業のいずれかが非ディスラプティブな創造を実現した際の視点と変わらない。ドーシーは、元上司でやがて共同創業者となるジム・マッケルビーが、クレジットカード払いへの対応が十分でなかったせいでガラス工芸品の販売機会を失う様子を、目の当たりにしていた。ガラス工芸品はその場の思いつきで購入されがちなため、マッケルビーは一度商機を逃すと取り返しがつかないことを知っていた。

しかし彼はひとりきりではなかった。ドーシーとマッケルビーが調べていくうちに、他の個人事業主や零細企業もクレジットカード決済システムから完全に排除されていることが判明した。このシステムは、流通大手を顧客とする資金力に物を言わせた強大な企業によって牛耳られていた。高コスト・高機能で物理的に扱いにくい性質が障壁となって、個人や零細企業がクレジットカード決済に対応するのは至難の業だった。ドーシーとマッケルビーはエベリングと同様に、現実に囚われてあるべき姿を見失うことがなかった。そしてあるべき姿とは、クレジットカード決済に対応できないせいで個人や零細企業が販売機会を逃す事態が、二度と起きない状況である。こうして生まれたのが、ご存じのとおり非ディスラプティブな新市場である。

社会学、そして非ディスラプティブな創造の主要な課題は、2つの基本条件すなわち社会学における「構造」と「行為主体性《エージェンシー》」の関係を理解することである。構造とは周囲の環境や世界であり、これらが現実を形作っている。行為主体性とは、みずから考えて環境や世界を切り開くために行動する力を指す。あらゆる企業は、構造と行為主体性の両方を考慮しながら行動している。もっとも、この2つの基本条件の関連性と私たちに及ぼす影響は、どちらを重視してリーダーシップを発揮するかによって大きく異なってくる。

ビジネスと企業の世界は何十年ものあいだ、何が可能であるかを見極めるために現状を分析するよう求められてきた。社会学の用語を借りるなら、この考え方は構造と環境を活かしてリーダーシップを発揮するよう指示している。有り体に述べるなら、「ここにチェス盤と駒があります。これらを使ってどうプレーするのが最適でしょうか」と言っているのだ。この場合ミクロの行動者である企業は、みずからをチェスの駒と見なしているも同然である。これが市場の現実ないし枠組み、学術的な表現を用いるなら限定合理性であり、企業とそのリーダーが選択肢を探り当て、行動を起こす際の拠り所である。この考え方の下では、チェスで次に指すべき手を大きく左右し制限するのがルールや他のプレーヤーの動きといった「外部環境」であるのと同じように、企業は市場と環境しだいで何が可能か、利益をもたらすか、賢明であるかを判断する。

私たちは新たなゲームを創造する自由を有し、意識的に現実を忘れてチェス盤の外にあるまったく新しい可能性を想像できるのだが、この事実は心象空間からほぼ抜け落ちている。「これはゲームのルールではない」と信じ込まされている。だから、そのようなルールを用いない。私たちの行為主体性は構造によって制約されているのだ。

対照的に、非ディスラプティブな創造を成し遂げる企業は、エベリング、ドーシー、マッケルビーがそうであったように、行為主体性を伴いながらリーダーシップを発揮する。チェス盤を前提とするのではなく、知性と想像力、つまり脳の魔法から出発して、何があり得るか、どうあるべきかを、現状に囚われずに思い描く。シナリオを無視して、自分の心、思考、アイデアが磁力を帯びて新しい現実を創造するに任せる。言い換えれば、何よりもまず、自分の心、想像力、自由意思、すなわち別の角度から物事を見る能力の大切さを誇り、尊重する。他者とは異なる行動をとおして環境を変え、構想に基づいて世界を創造するみずからの能力に気づいているのだ。(注4)

このような理由から、彼らは現実世界における限定合理性に囚われない。構造を重視するタイプのリーダーが当然視して受容するあらゆることに、率直に疑問を投げかけ、考え直し、「なぜ○○しないのか?」「もし××なら?」と問いかける。こうして彼らは、他者には見えないものを見ることができる。他者が疑問に思わないことを疑問視する。そして、何が可能か、それを達成するにはどうすればよいかを、解釈し直す。ところが私たちのほとんどは、知らず知らずのうちにこの能力を手放してしまっている。想像力の発揮の仕方を誤りがちなのだ。なぜ、どのように達成できるかではなく、なぜうまくいかないか、なぜできないかを想像してしまうのだ。

エベリングが『タイム』誌の記事を読んだときの状況を思い起こしてほしい。リーダーシップを発揮する際に構造を重んじると、ため息をつき、試練の大きさに呆然として首を振り、「自分にできることはあまりない」と思い込みがちである。現実に打ちのめされてしまい、エベリングがまったく新しい機会を生み出したときのようには想像力を発揮できず、ノット・インポッシブル・ラボがインテルと提携してリチャード・ヴァン・アスを探し当てたように、創意を発揮して実現方法を模索することも、できないだろう。ドーシーとマッケルビーの例もしかり。構造を重視したのでは、個人や零細企業による頻度の低い少額取引から「非ディスラプティブな新市場を創造しよう」という着想を引き出す可能性は、まずないだろう。それどころか想像力を働かせて、現状の裏にある事情を理解してそれをもとに前進しようとするだろう。

では当然の疑問として、行為主体性をもってリーダーシップを発揮してこそ、新たな機会の創造と新たな課題の解決をとおして世界をよりよくできるにもかかわらず、なぜ構造のほうが重視されているのだろうか。

ひとつには、学問の世界において「行為主体性」の測定が容易ではないため、研究が少ないのである。学術研究は測定可能なもの、つまり目に見えないものではなく見えるものに引き寄せられる。このため、たとえ、最大の強みであり富の真の源泉である想像力と自由意思によって私たちの知る世の中を超越して未来を創造するという取り組みから、リーダーたちを遠ざけることを意味したとしても、長らく環境が出発点とされてきたのだ。従って、主体性をもってリーダーシップを発揮するのは難しくなっていく。現状から始めるべきだと主張するほうが、はるかに合理的だと思える。しかし、合理性から非ディスラプティブな市場は生まれない。

漸進的なイノベーションあるいは既存のチェス盤を壊して作り直すようなブレークスルー・ソリューションによって、市場の現状を改善することは、大きな意味を持つ。経済にも多大な恩恵を及ぼす。ただし現状に焦点を当てると、「想像力と主体性を駆使すれば現状をディスラプトせずに新しいチェス盤を創造できる」という認識がぼやけてしまいかねない。

非ディスラプティブな創造を引き起こすには、正しいシナリオを頭に入れておくのが第一条件である。次に必要なのは、テクノロジーについてどう考え、どう対応するかをめぐって、適切な視点を持つことである。

手段と目的を混同しない

今日ではいとも容易にテクノロジーに引き寄せられる。多くの企業やスタートアップ創業者は、技術革新こそが市場創造への道だと考えている。彼らは、最新テクノロジーをいかにエンジニアリングし、有望だと期待を寄せる新商品や新サービスに取り入れるかに心血を注ぐ。そして、人々がその価値に納得しないという単純明快な理由により、自分たちが創造しようとしている市場が実現せずに終わると、打ちひしがれてしまうのだ。

ここからは、非ディスラプティブな創造を成し遂げる人々の持つ、2つ目の視点が浮かび上がってくる。彼らは手段と目的を混同しないのだ。テクノロジーを素晴らしいイネーブラーと見なす半面、バリュー・イノベーション（買い手に飛躍的な価値増大をもたらすこと）こそが、最終的に非ディスラプティブな新市場の創造につながるのだと認識している。これは直感に反するように思えるかもしれない。なぜならテクノロジーは、ディスラプティブか否かにかかわらず、実に多くの市場イノベーションのカギを握る要素だからだ。しかし、騙されてはいけない。

新技術は往々にして、非ディスラプティブな創造の主要ファクターであるが、非ディスラプティブな新市場が軌道に乗り、商業的に成り立つかどうかを決めるのは、こうした新技術が、何よりもまず、買い手にとっての価値の大きな変化によって裏打ちされるかどうかである。この順序を間違えている企業があまりにも多い。「技術革新を追求すれば、成功するだろう」と考えているのだ。筆者らの主張は、順序を逆にしなければならないということだ。バリュー・イノベーションを追求すれば、魅力的で非ディスラプティブな新市場開拓への道が開けるだろう。バリュー・イノベーションとは、需要行動を喚起するものであり、ここに真の利用価値がある。この点はブルー・オーシャン戦略やディスラプティブな創造にも当てはまる。(注5)

バリュー・イノベーションは、スクエア、バイアグラ、M－PESA、eスポーツといった非ディスラプティブな事例からわかるように、新規テクノロジーを用いて達成できる。ただし、ミュージック：ノット・インポッシブルのように、既存のテクノロジーを組み合わせることによっても達成できる。あるいはウィサイクラー、ライフコーチング、ハロウィンのペット・コスチュームのように、テクノロジーをほぼ活用せずに達成できる場合もある。ただし絶対条件があり、それは私たちの暮らしや働き方に好ましい変化をもたらすということだ。非ディスラプティブな創造をする人々は、まずバリュー・イノベーションを考え、次にテクノロジーを考える。自分たちが実現する提供価値の素晴らしい飛躍的向上とはどのようなものか、と。

では、多くの経済学者が異なる説を展開しているように見えるのは、なぜだろうか。

成長とイノベーションに関する経済学の研究は、しばしばこの第2の視点が間違いであると証明し、事実上、技術イノベーションこそが最も重要であることを示しているように見える。(注6) このスタンスには十分な理由があり、少し時間をかけて探究する価値がある。なぜなら研究の過程でたびたび抵抗に遭ったからだ。成長とイノベーションに関する経済学的研究は長らく、技術イノベーションの影響に焦点を当ててきた。研究ごとに明らかな違いはあるものの、おおむね、技術イノベーションは成長と正の相関関係があり、技術イノベーションが活性化すれば成長率も向上することがわかっている。

ただし、これらの研究と筆者らの研究のあいだには重要な違いがある。分析レベルが異なるのだ。よく見ると前者は、マクロレベル（国、地域、社会、あるいは産業）、ないしメソレベル（市場プレーヤーの相互作用やゲームダイナミクス）を対象としている。対照的に筆者らの分析対象は、個々の企業とその利益ある成長というミクロレベルである。しかも、マクロやメソのレベルにおける事実は、個々の企業のレベルでは必ずしも事実ではない。

なぜなら、特定の企業が技術イノベーションによって利益を上げるかどうかは、特にマクロレベルの経済分析においてはほとんど意味をなさないのである。意味をなすのは、マクロ経済の成長に拍車をかけるためにあらゆる企業が引き出せるテクノロジーの可能性が、全体として拡大してきたかどうかである。この場合、適切な問いは「ＡＩ分野における技術ブレークスルーの実現は、多様な業界の無数の企業によって活用、導入され、マクロレベルで新たな成長を生み出せるだろうか」である。従って、テクノロジーを創造した人々がそれを商用化し、超過利潤を獲得するかどうかは、主要な関心事ではない。なぜなら、創造者でなく他の企業がイノベーションと価値を結びつけて成功を手に入れ、技術イノベーションをうまく活かして経済のマクロ成長率を押し上げるからだ。

ゼロックスのパロアルト研究所（ＰＡＲＣ）の古典的な事例を取り上げたい。ＰＡＲＣは、今日のすべての電話機やコンピュータに搭載されるグラフィカル・ユーザー・インターフェース（ＧＵＩ）など、数え切れないほどの技術イノベーションを実現したにもかかわらず、閉鎖された。ゼロックスは、GUIや他の多くの技術イノベーションによって商業的成功を収めたり、新しい市場や成長を直接的に創出したりしたわけではない。しかし、他の企業が新たな市場を革新するために活用できるテクノロジー群を増やした。

その先陣を切ったのがスティーブ・ジョブズとアップルである。PARCを訪れたジョブズは、GUIの可能性に目を見張った。そこで彼は、PARCの技術イノベーションであるGUIを巧みに取り入れ、普通の人々が理解して気楽に使える、シンプルで直感的なインターフェースを実現することで、価値を創造した。こうしてアップルはパーソナル・コンピュータという新しい市場を開拓し、後には、iPod TouchやiPhoneなど数々のモバイル・デバイスを動かすiOSを生み出した。やがて他の企業もこれに続いた。

PARCによる技術革新の結果、マクロ経済は成長し、多くの経済学者の見解を裏づけた。にもかかわらず、PARC自体は営利的には失敗した。PARCのGUIが可能にした成長は、アップルによるバリュー・イノベーションによって誘発されたのだ。つまり、技術革新はマクロレベルではたしかに経済成長の重要な要因だが、同じことは個別企業のレベルでは必ずしも当てはまらないのである。実際、ミクロ経済学の一分野である産業組織論の研究では、技術革新が個別企業の業績に及ぼす影響を検証してきたが、変数の測定方法しだいで結果はプラス、中立、マイナスとまちまちである。(注7)

ここから得られる教訓は、意図を明確にして、それをどう実現するかに集中せよ、ということである。仮に、非ディスラプティブな創造を確実に商業的な成功につなげ、時間と投資に見合う報酬を得たいのなら、目標の実現に専心する必要がある。その目標とはバリュー・イノベーションである。非ディスラプティブな創造を首尾よく成し遂げる人々は、まずバリュー・イノベーションについて考え、次にそれを達成するためのテクノロジーを考察する。この順序を誤ると、非ディスラプティブな創造がなかなか軌道に乗らないか、さらに悪くすると、最初から成功の見込みがない。

少数でなく大勢の力を解き放つ

リキッドペーパーを使ったことはあるだろうか。書き間違いやタイプミスを隠すために塗る、白くて不透明な液体である。心当たりがあるはずだ。何かの書類を記入する途中で不意に、違う行に誤った情報を書いたことに気づき、訂正するにはまず、すでに書いた内容を修正液で消さなければならない。1950年代にお目見えしたリキッドペーパーは、当初は「ミステイク・アウト」と呼ばれ、非ディスラプティブな巨大新市場を開拓した。

当時、全米の秘書たちはタイプミスの解消に苦慮していた。修正するには原則として、ページ全体をタイプし直さなくてはならず、明らかなストレスや追加の作業を生み、かなりの時間（とそれに伴うコスト）を無駄にしていた。リキッドペーパーはこの状況を一変させ、秘書、学童、そして私たちの多くにとって、たちどころに必要不可欠な道具となった。

今日ではリキッドペーパーはニューウェル・ブランズ社の製品である。ただし、この非ディスラプティブなイノベーションを生み出したのは、起業家でもイノベーションの専門家でも科学者でもなく、テキサスの銀行に秘書として勤務していたシングルマザー、ベット・ネスミス・グラハムだった。グラハムは、自分と幼い息子マイケル（マイク・ネスミス、後のポップ・ロック・グループ、モンキーズのメンバー）の生活費の足しにするために、ホリデー・シーズンになると、趣味の絵心を活かして銀行の窓ガラスに装飾画を描いていた。彼女は、描き損じは決して消せず、上描きするしかないと気づいた。そこで、瓶に入れてオフィスに持ち込んだ白いテンペラ絵の具を使って、タイプミスの上に塗るようになった。絵の具の使用を叱る上司も一部にはいたが、同僚たちは彼女の「ミステイク・アウト」を欲しがった。

イノベーションの父と呼ばれるヨーゼフ・シュンペーターが起業家を偶像化してからというもの、起業家崇拝は熱を帯びてきている。シュンペーターの世界においては、起業家の創造性、大胆さ、直感こそが、成長、イノベーション、新市場創出の中心的な原動力なのだ。シュンペーターによれば、起業家は大切にすべき稀少資源である。

ところが、起業家にまつわる神話が私たちの心に深く浸透するにつれて、孤独で本能に従う起業家、あるいは「クリエイティブ」を、他の人々とは分けて考えがちな傾向が生まれた。このような分け隔ては、シュンペーターの思想の意図しない結果かもしれないが、創意工夫やイノベーションの源泉をめぐる私たちの視野を狭めている。

そこで、非ディスラプティブな創造者の３つ目の視点に行き着く。

彼らは起業家や「クリエイティブ」な人々を大切にするが、彼らを過度に重んじると、他のすべての人々の創造性や貢献の過小評価につながると認識している。この結果、業界の外側にあるまったく新しい問題を解決し、非ディスラプティブな創造を実現するためのまったく新しい機会を創造しつかみ取るうえで、まさに必要とされるにもかかわらず、実に膨大な人間の創造性やアイデアが見過ごされ、評価されないリスクがある。何百万ドルもの価値を持つリキッドペーパーの非ディスラプティブな市場を創造するには、苛立ちながらタイプライターを使い、職場では創意工夫を正当に評価されなかったグラハム秘書の当初のアイデアでは十分ではなかったとしても、企業は創造性の源泉を狭く捉えてこのようなアイデアを見過ごしてしまうべきではない。

子供たちが創造性豊かであることはよく知られている。彼らが思いつくままごと遊びや、野菜より先にデザートを食べる奇想天外な理由、あるいは空想をもとに語る荒唐無稽なストーリーを思い浮かべてほしい。ただし、創造性は子供や若者だけのものではない。年齢や学歴にかかわらず発揮できるのだ。その証拠にソーシャルメディアを見ただけでも日々、創造性、ユーモア、表現法、自発性が決して一部の人だけのものではなく、多くの人がこれらを持っていることがわかる。

マイクロファイナンスの生みの親ムハマド・ユヌスは、極貧の人々の中に創意工夫とレジリエンスを見出し、それが正しいことを証明した。一流の学術誌『マネジメント・サイエンス』に掲載された研究では、イノベーション研究者と3Mのマネジャーで構成されるグループが、グラハムのように最前線の実務を担うごく普通の人々から得られたアイデアが、新しい課題や機会に対処するうえで重要であることを発見したという。(注8)

当然ながら、誰もが等しく創造的なわけではない。しかし、大多数の人々は十分な創造性を備えている。事実アリストテレス以来、人々が生まれながらに持つ独創性や多様な視点を活かす能力についての認識を利用した「群衆の智慧」という考え方が議論されてきた。ジェームズ・スロウィッキーが著書『群衆の智慧』で広めたこの考え方は、一見したところ普通の人々の集団が、このうえなく頭脳明晰な個人よりも、問題解決やイノベーションの促進に優れる様子を探究するものである。(注9)このテーマは「群衆科学」「集合知」「創造的知性」など、別の名称で研究されてきたが、その基本的な趣旨は一貫している。メンバーの多様性など特定の好ましい集団力学があれば、集合知は少数精鋭の知恵を凌ぐ可能性があるということだ。(注10)

事実ビジネスと経済の歴史は、起業家精神溢れる才能豊かなリーダーと群衆の智慧の両方によって綴られてきたし、今後も同様だろう。市場創造型イノベーション、とりわけ非ディスラプティブな創造を実現するには、創造性と革新性を幅広く捉えて、これらが至るところに存在し、誰もが才能ある起業家とともに貢献することによって商業的な成功のチャンスを最大化できるという事実を、受け入れる必要がある。

どのようなものであれ非ディスラプティブな創造を実現するには――つまり芽を育てて洗練させ、何を学び、何を忘れなくてはならないか、どこに手がかりがあるかを皆で探り当てながら、あちらこちらから引き出したものすべてをまとめ上げて新しい製品やサービスを実現するためには――異なる視点やスキルを持つ人々のネットワークが必要である。

あるいは、ミック・エベリングもこう述べている。「まったく新しい何かを創造するときは、何が必要になるかがわからない。このため、あらゆる人に協力を呼び掛けて知恵と意見を出してもらいます。ノット・インポッシブル・ラボがダニエルを救うために、南アフリカの人工リチャード・ヴァン・アス、インテル、理学療法士、エンジニアの洞察力を利用したように、また、ミュージック・ノット・インポッシブル（M：NI）の開発に際して、耳がほとんど聞こえないポップシンガー＆ソングライターのマンディ・ハーヴェイ（公開オーディション番組『アメリカズ・ゴット・タレント』の「ゴールデン・ブザー」を獲得）に知恵を借りたように、あらゆる場所の人々を頼ります」「隠し立てはいっさいせず、一見したところどれほど素朴で直感に反するアイデアであっても、

図6-1｜非ディスラプティブな創造の実現に必要な視点への転換

従来の視点		非ディスラプティブな視点
既存の市場や環境を、可能性や収益性を決める出発点や舞台と捉える。 行為主体性は構造によって制約される。	→	構造より行為主体性を重視してリーダーシップを発揮し、現状の制約を受け入れるのを拒む。個々の企業は既存の市場や環境に囚われずに、まったく新しい機会を思い描いて創造することができる。
技術イノベーションを市場創造への道筋と見なす。 新規技術が焦点になる。	→	まずバリュー・イノベーションについて考え、次にそれを実現するための技術等のイネーブラーを探す。
起業家や高い創造性を持つ人々が市場創造型イノベーションの主な推進者である。	→	新規市場を創造するうえでは才能溢れる人材や集団の知恵が重要である。

積極的に共有します。ところが往々にして、天才はすぐそこにいます。誰もが何かしら貢献できるものを持っているのです[注11]」

図6-1は、非ディスラプティブな創造の実現に必要な3つの視点を紹介している。これらの視点に従うと、正しい方向を見て会話、論理的思考、判断ができるはずだ。適切な視点を共有し、それがなぜ、どのように重要なのかを議論することにより、チームが一丸となり、非ディスラプティブな創造の実現に必要な創造性の文化を築ける。

掘り下げてみよう——自分たちは構造と行為主体性をもとにリーダーシップを発揮しているか。テクノロジーを第一に考えているか、それともバリュー・イノベーションと真の実用価値を重視するのか。アイデアや解を少数の人だけに求めているのか、それとも大勢の人々の創造性を活用しているのか。

これらの問いと3つの視点は、非ディスラプティブな市場を創造する過程において、思考と努力の羅針盤となる。この羅針盤が念頭にあれば、次章に移る準備が整ったといえる。

次章では、非ディスラプティブな市場の創造に必要な3つの基本条件を説明する。そのうえで、最初の基本条件に焦点を当て、非ディスラプティブな事業機会を有意義でしかもモチベーションにつながる方法で特定し、枠組みを作り、評価するための、具体的な行動とツールについて概説していく。

第7章

非ディスラプティブな事業機会を特定する

Identify a Nondisruptive Opportunity

先入観を捨てて、商業的な旨味のある非ディスラプティブな機会を解き放つための創造的な意見を増やしたなら、次のステップでは思考を行動へつなげていくことになる。成長とイノベーションの推進を念頭に置くCレベルのエグゼクティブ、その意図の実現を求められる実務家、そして新規事業の立ち上げを検討する起業家は、願望を形にするための実践的なステップとツールを理解する必要がある。

この課題に応えるために筆者らは、創造のプロセスに一定のパターンはあるのか、あるとしたらどのようなものかを研究し、「ｈｏｗ」（どのように）のプロセスを解き明かせるようにした。目的は、非ディスラプティブな創造を成し遂げる人々が繰り返す思考プロセスと行動を突き止め、体系化することだった。これが実現すれば、他の組織もパターンを応用して、非ディスラプティブな創造をよりよく実践できるだろう。

筆者らの研究は最も高次においては、非ディスラプティブな新市場を創造してつかみ取った組織や個人に共通する、３つの基本条件を明らかにした。**図7-1**にあるように、第1の基本条件は、追求すべき非ディスラプティブな機会を特定することである。第2の基本条件は、そのような機会を覆い隠してきた既存の前提を掘り起こし、明確にし、機会を解き放つ方法を見つけるために捉え直すことである。そして第3は、その機会を低コストかつ高価値で実現するのに必要なイネーブラーを確保することである。これらの基本条件は、広い意味では行動のステップと見なせる。

図7-1 非ディスラプティブな創造を実現するための3つの基本条件

第3の基本条件：機会を実現する

高価値・低コストの方法で機会を実現するために
必要なイネーブラーを確保する。

↑

第2の基本条件：機会を解き放つ方法を見つける

機会を見えにくくしている既存の前提を疑問視し、
捉え直すことにより、機会を解き放つ方法の発見へとつなげる。

↑

第1の基本条件：非ディスラプティブな機会を特定する

あなたが追求したいと思う、
まったく新しい課題や機会を見つけ出す。

本章では、第1の基本条件の詳細と、それに対応するツールやフレームワークを詳しく見ていく。続く第8章と第9章では、第2、第3の基本条件について同様のことを行う。

非ディスラプティブな機会の特定

業界の垣根の外側にある非ディスラプティブな機会は、どうすれば特定できるだろうか。まず、目的はディスラプションや競争ではなく、まったく新しい問題の解決か、まったく新しい機会の創造と獲得であることを、はっきりさせよう。明確な意図があれば、市場の創造に取り組む際に非ディスラプティブな創造に意識を集中でき、競争やディスラプトという聞き慣れた概念に無意識のうちに囚われずに済む。あなたは世界、業界、職業、あるいは暮らしにおいて差し迫っているが見過ごされた問題のうち、自分が情熱を注ぎ人々や組織が苦闘している問題、あるいは、もし形になれば、人々やコミュニティの生活に真の変化をもたらす可能性のある、早急な対応が求められるが手つかずの機会について考えたいだろう。

私たちが何かに深く関心を寄せるときはたいてい、それは極めて重要な課題である。人々や組織が苦慮していて、解決すれば真の変化につながるような課題は、有望で非ディスラプティブな、市場性のある事業機会と結びついている可能性が高い。

情熱もまた大きな意味を持つ。なぜなら、創造の旅においてはつまずいたり制約を受けたりすることが避けられないが、情熱があれば「くじけずにやり遂げよう」という意欲が失われないからである。意欲を燃やし続けていれば、諦めようという誘惑に簡単には負けないだろう。人間は生来、解決すべき問題を求め、他者に好ましい変化をもたらそうと望むものだ。また、他者のために有意義な機会を生み出すと、途轍もない満足感が湧き上がってくる。このような内発的動機は、あなたとあなたのチームを奮い立たせ、凄まじいエネルギーをもたらす。

第1章で述べたように、シンプルな生理用パッド製造機を開発してインドの農村部の女性にじかに販売したアルナーチャラム・ムルガナンダムは、農村部の女性の健康をしきりに気にかけていた。

2億人超の女性が毎月の生理中に汚れた布切れや灰に頼ったり、清潔を保てないため小屋に追いやられたりしていたのだ。ムルガナンダムはあまりに熱心であったため、村人たちから悪魔に憑りつかれたと見なされ、木に逆さ吊りにするなどある種の悪魔払いの対象にされそうになったが、それでもひるまなかった。村からは逃げ出さざるをえなくなったが、女性の健康とウェルビーイングへの情熱に衝き動かされ、決して諦めなかった。

また、キックスターターの創設者ペリー・チェン、ヤンシー・ストリックラー、チャールズ・アドラーは、創造性の大切さを固く信じ、夢を実現したいというアーティストの深い願望を非常に重んじていた。キャメロン・スティーブンスをはじめとするプロディジー・ファイナンスの共同創業者たちは、海外留学に情熱を燃やし、グローバル教育が若者の人生を変え、世界についての理解を広げる道だと考えた。

非ディスラプティブな創造への2つの道

筆者らは、企業や個人が非ディスラプティブな市場を創造するには、主に2つの道があることを突き止めた。**図7-2**にあるように、ひとつは手つかずの問題や課題に取り組むことであり、もうひとつは既存の業界の枠に囚われずに、新たに出現した問題や課題に対処することである。あなたが代弁する組織が大きくても小さくても、また、あなたが創造しようとする非ディスラプティブな市場が大きくても小さくても、同様に2つの道がある。

未対応の課題や問題に取り組む

真新しい課題や事業機会は、従来は存在せず不意に持ち上がったものとは限らない。直感には反するが、真新しい課題や事業機会は長い間存在していたにもかかわらず、解決すべき課題、あるいは市場で創造すべき機会と受け止められてこなかったため、未開拓のままであったものかもしれない。その課題が、意識的かどうかは別として、単に「こういうものだ」と受け入れられ、人生の現実にすぎないと見なされてきたからである。かつて、れっきとした組織や個人が取り組もうとして失敗したため、「そもそも解決不可能だ」「手出しできない」と見なされ、再挑戦の努力がくじかれてしまったのかもしれない。

既存の問題や事業機会が当然視され受け入れられているのは、人々が市場に頼らずに何らかの形で解決策を設けてきたからかもしれない。たとえば産後ケアを必要とする人々は長らく、たいてい肉体的にも精神的にも負担の大きい出産後の数カ月間、家族や友人に手を貸してもらうとか、社会的なサポートを提供してもらうといった、市場を介さない解決策に頼ってきた。

図7-2　非ディスラプティブな創造への2つの道

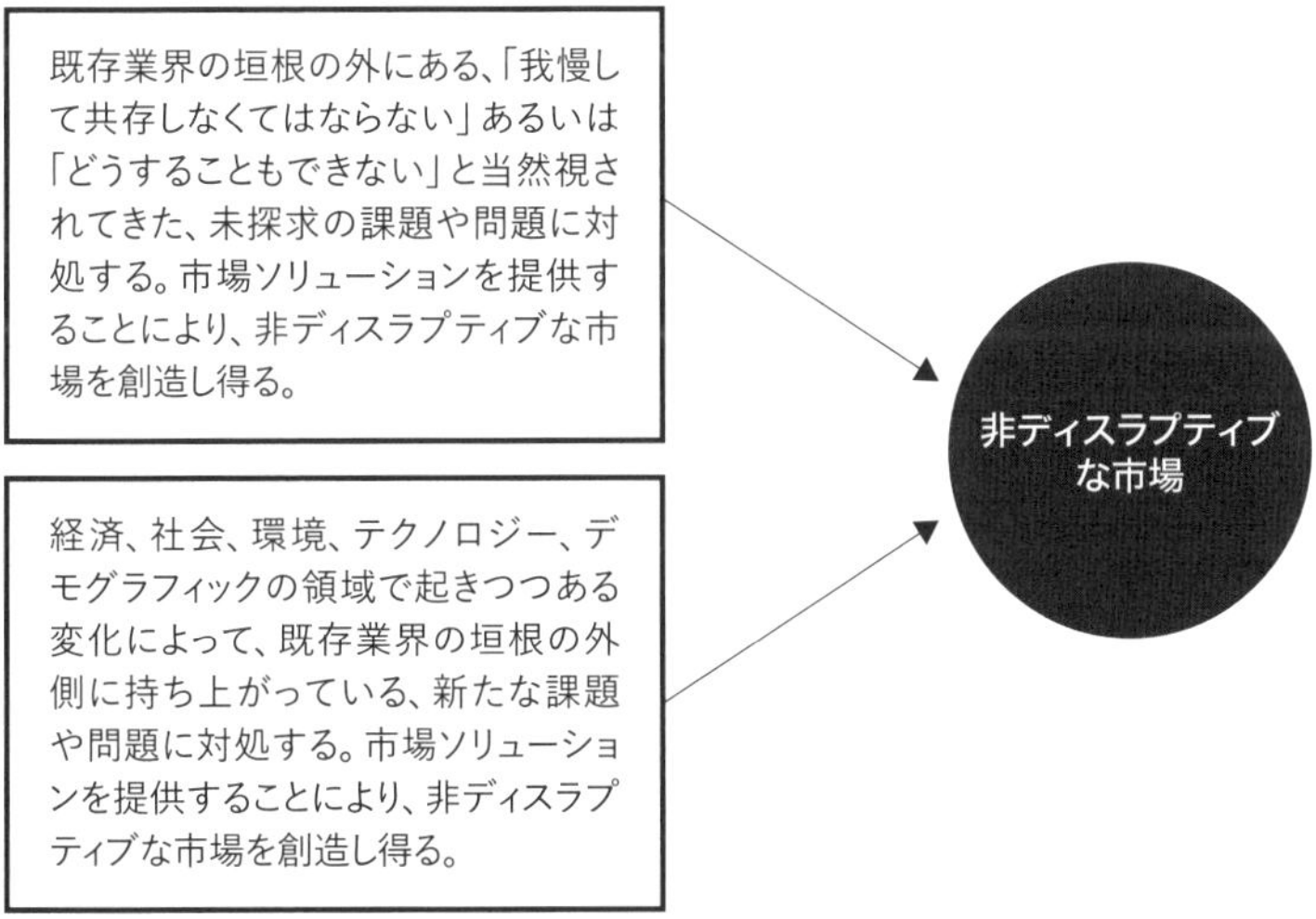
既存業界の垣根の外にある、「我慢して共存しなくてはならない」あるいは「どうすることもできない」と当然視されてきた、未探求の課題や問題に対処する。市場ソリューションを提供することにより、非ディスラプティブな市場を創造し得る。
経済、社会、環境、テクノロジー、デモグラフィックの領域で起きつつある変化によって、既存業界の垣根の外側に持ち上がっている、新たな課題や問題に対処する。市場ソリューションを提供することにより、非ディスラプティブな市場を創造し得る。
非ディスラプティブな市場

この課題に市場を介して対応することで新たな事業機会を創出し獲得できるという考えの下、出産直後の女性が肉体的・精神的に回復するまで滞在できる専用の宿泊施設、産後ケアセンターが設立され、非ディスラプティブな新市場を形成している。産後ケアセンターは当初、韓国の数社によって設立され成長したが、アジアで目覚ましい進化を遂げて勢いを増している。

　このように、非ディスラプティブな市場は往々にして、生活様式や人生の現実として当然視されてきた既存の課題を、新たな事業機会に変えることによって創出される。非ディスラプティブな市場の開拓者はこの道筋をたどってきた人が多い。グラミン銀行もキックスターターも、市場での解決策がない既存の課題に着目し、解決に乗り出した。バングラデシュでは何十年ものあいだ、国民の大多数が1日数ドルで生活しており、例外なく信用力を持たないと見なされていた。意図しない結果として貧困が蔓延していた。そこにムハマド・ユヌスが現れて、かねてから放置されていたこの問題に市場ソリューションで対処しようと立ち上がった。

キックスターターの創設者たちは、創造性に満ちたプロジェクトの大多数が資金不足のせいで実現されず、アイデアの域にとどまっている状況に目を留めた。キックスターターは、残念なことに長らく受け入れられてきたこの問題への対処に乗り出し、アーティスト・コミュニティの繁栄に向けて、まったく新しい資金調達の機会をもたらす市場解決策を打ち出した。

あるいは、ミック・エベリングとノット・インポッシブル・ラボの事例もある。重度の聴覚障害者が音楽を鑑賞できない現実は、突如として降って湧いたのではない。常に存在していたのだ。しかし、ノット・インポッシブル・ラボの面々は、これを聴覚障害者の不幸な運命や避けられない宿命としてではなく、創造の真新しい機会として捉えた。こうして、ミック・エベリング、ダニエル・ベルカーらノット・インポッシブル・ラボの人々は変革に乗り出し、この状況を変え、未解決の課題に対する市場ソリューションを提供した。それがミュージック：ノット・インポッシブル（M：NI）である。

パーク24、産後ケアセンター、スクエア・リーダー、リキッドペーパー、バイアグラ、ウィサイクラーズ、プロディジー・ファイナンス。過去へ遡れば、地味だが必需品のフロントガラス用ワイパー、食洗機、生理用パッドなど。これらは、かねてからの未解決の問題や課題を、市場ソリューションによって、既存の業界の枠を超えて解決した結果として実現した、無数の非ディスラプティブな創造のほんの一部にすぎない。

新たに生じている問題や課題に対応する

既存の業界の枠を超えて新たなニーズや問題に対応するほうがおそらく、より直感的にわかりやすい、非ディスラプティブな創造への道である。世の中や人々の暮らしに影響を及ぼす社会経済、環境、デモグラフィック、あるいはテクノロジーの変化は、新たな問題、機会、課題を生み出す。新たなニーズや問題への効果的な市場ソリューションを提供すると、非ディスラプティブな新市場への扉が開かれる。

通威集団《トンウェイ・グループ》を考えてみよう。低炭素なクリーンエネルギーを求める圧力がグローバル規模で高まる中、中国では「2030年までに炭素排出量を低減へと転じる」という公約を果たすために、環境に優しいエネルギー源を求める新たな動きがあった。産業活動が集中し電力需要が右肩上がりの東部と中部の省は、この新たな課題が最も差し迫った地域であり、グリーン・エネルギーの需要と石炭主体の従来型エネルギーの供給とのギャップが大きくなりつつあった。ところがこれらの地域は人口が密集しており、農村部の土地はほとんどが農業用であったため、グリーン・エネルギー生産施設を建設できる土地はわずかだった。

この新たなニーズに目を留めた通威集団は、養魚事業を活用した非ディスラプティブでまったく新しい市場の創造に乗り出した。通威集団は、中国東・中部の数十万の養殖業者と数百万エーカーの養殖場を顧客とする水産飼料会社である。養殖はすでに個別業者や地方政府にとって重要な収入源となっていたが、通威集団は、未利用の水面をグリーン・エネルギーの生産に活かせば、水資源の経済的価値を高めることができると判断した。

そこで、養魚場統合型の太陽光発電（ＰＶ）という非ディスラプティブな産業を創造した。要するに、水上太陽光発電を革新的なケージ型水産養殖システムと統合したのである。太陽光パネルが水温を下げて光合成と藻の生育を抑制し、養魚場の生産高を押し上げた。他方で水上では太陽光パネルが発電した。この非ディスラプティブな創造の結果、養魚場の収入アップ、地域のグリーン・エネルギー源の増加、地元自治体の税収増が実現し、通威集団は収益性の高い新規事業を手に入れた。通威集団は養魚事業の水資源を利活用してグリーン・エネルギーを生み出すというユニークな新規市場を切り開いたのだ。この新規市場は各方面において非ディスラプティブであり、中国全土で急拡大している。

あるいはグリーン・エネルギーを忘れて、食品、具体的にはキムチの話をしよう。韓国企業のウイニアマンドは、韓国人が直面した新たな課題に対処して、15億ドル規模の非ディスラプティブな機会を見つけ出した。白菜、香辛料、ニンニクを混ぜ合わせて発酵させたキムチは、韓国人にとって必需品である。2017年の時点で韓国人は、月に平均3キロ（約6・5ポンド）のキムチを食べていた。4人家族なら25ポンドを超える量である。韓国の家庭では、伝統的にキムチを大量に作って地中に埋めた壺で発酵させ、最適な味と鮮度を維持するために年間をとおしてそこに保存していた。

しかし、1980年代後半から90年代前半にかけては大規模な工業化と都市化が急激に進み、人々は都会へ移って共同住宅に住み、生活は慌ただしさを増していった。キムチの壺を埋める庭がなく、あったとしても、壺を埋めるという骨の折れる作業をしたがらなくなった。そこで、冷蔵庫でキムチを発酵させ保存するようになった。ところが、冷蔵庫での保存は伝統的な保存方法に遠く及ばなかった。味は著しく劣り、1週間で酸っぱくなり、刺激臭が冷蔵庫内の他の食品に移った。しかも、分量が半端でないため、かなりのスペースを占めたのである。

ウィニアマンドはこの新たな課題を、まったく新しい非ディスラプティブな市場を創造する機会として捉えた。結局のところ、韓国人のライフスタイルが変化しても、キムチを愛する気持ちは不変だったのだ。

この結果、ディムチェという非ディスラプティブな市場ソリューションが生まれた。キムチの伝統的な発酵・保存方法を模倣して考案された革新的なキッチン家電である。ディムチェは（従来型の間冷式ではなく）直冷式を採用し、湿度を多孔質の壺の内部に近い水準に、また温度は従来型の冷蔵庫よりやや低めに保つ。頻繁なドアの開け閉めがなく、壺の中と同じように温度が安定するため、キムチの味と鮮度に悪影響が及ばない。

1996年発売のこの新しい非ディスラプティブな市場ソリューションは、通常の冷蔵庫と同様に韓国の家庭にとってなくてはならないものとなった。2014年までには、全世帯の85％超がディムチェを購入済みだった。現在ではその比率は90％を超え、旧型から新型への買い替えを受けて成長率は20％に達している。

同様に、目下のところ時価総額1600億ドル超とされるサイバーセキュリティ業界は、広範なインターネット・アクセス、スマートフォン、クラウド・コンピューティング、IoT（モノのインターネット）などの急速な融合を引き金とした、組織を標的としたサイバー攻撃の急増する脅威への直接的な対応として誕生した。eスポーツ、スマートフォンのアクセサリー、男性用化粧品、ペット用ハロウィン・コスチュームなどは、人々の生活に影響を与える最近のニーズや課題への対応をとおして創出された、数百万ドル、数十億ドル規模の非ディスラプティブな新市場のほんの一部である。

非ディスラプティブな事業機会を特定する3つの方法

以上2つの道は、どのような問題や機会が非ディスラプティブな市場の創造につながりそうかを理解するうえで役立ち、探索の努力を正しい方向へと導くことができる。これらがなければ、たとえ取り組んでも非ディスラプティブな新市場の創造につながりそうもない、ディスラプティブな問題に注力してしまうリスクがある。

「ｗｈａｔ」を知るのは重要な第一歩ではあるが、既存だが未開拓のものであれ、新たに出現したものであれ、これらの事業機会を見出し、そこに焦点を絞る方法も知っておく必要がある。筆者らの調査からは、企業や個人が非ディスラプティブな機会を特定するために活用できる、3つの方法が明らかになっている（**図7－3**を参照）。

じかに体験する

後にキックスターターの共同創設者となるペリー・チェンは、変わり種の音楽を紹介するコンサートの開催を思いついたとき、自分が壁にぶつかっていることに気づいた。コンサート開催のアイデアに熱意を燃やし、友人らにも楽しんでもらえると信じていたにもかかわらず、資金が足りない

図7-3｜非ディスラプティブな機会を特定する3つの方法

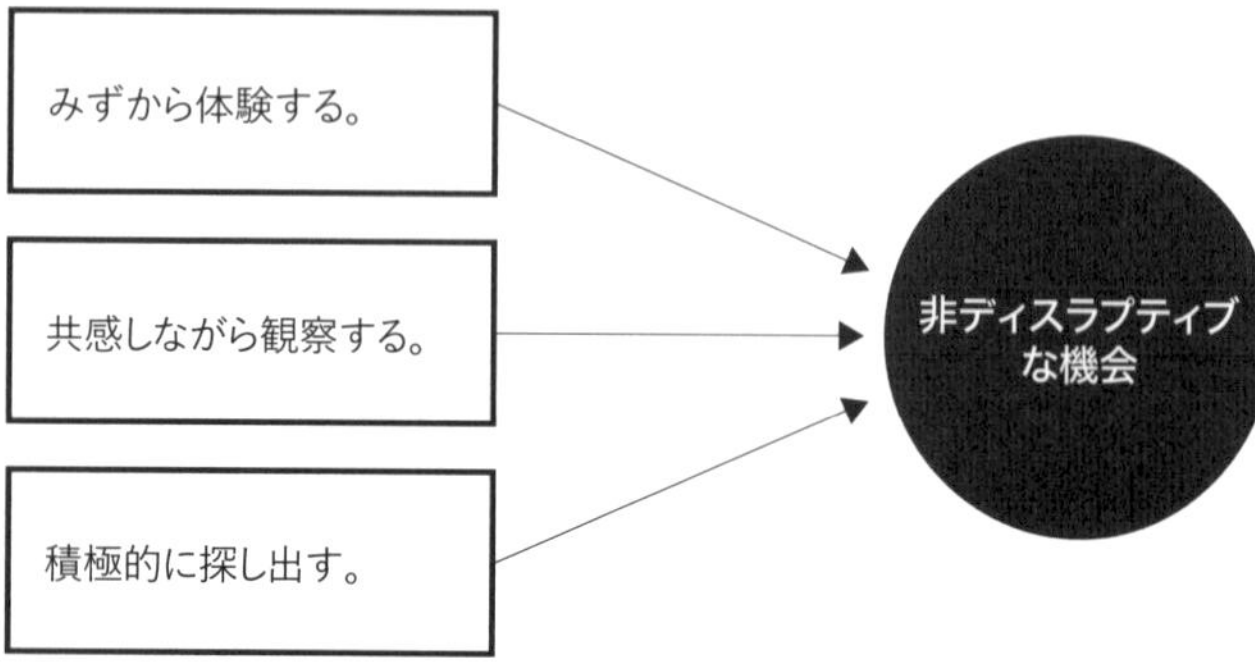

せいで成功は覚束ないだろうと悟った。こうしてコンサートは実現せずに終わった。

この一件はチェンの心に重くのしかかった。電子音楽分野のアーティストだった彼は、無数のクリエイターたちが日々、似たような壁にぶつかっていることを知っていた。資金がないため芸術活動を思う存分できずにいたのである。チェンは、従来からあるのに放置されていた問題の解決策は、本当に多くのアーティストの力になるはずであり、あとは実現あるのみだと確信していた。その解決策がキックスターターだった。

チェンだけではない。プロディジー・ファイナンスの共同設立者キャメロン・スティーブンスは、マレーシアで働いていたときに、ＩＮＳＥＡＤに出願してＭＢＡを取得しようと決意した。フランスのフォンテーヌブローにキャンパスを構える世界トップクラスのビジネススクールＩＮＳＥＡＤは、欧州外からの留学生が全学生の70％を占める。

合格通知を受け取ったとき、キャメロンは感激した。ところが、胸の高鳴りはすぐに不満と深い失望へと変わった。地元の連帯保証人、担保、フランスでの信用履歴がないため、ローンを組むことができなかったのである。

融資の相談に前向きな対応をしてくれた唯一の銀行HSBCは、必要資金の75%を融資する代わりに、流動資産の100%を拠出するよう求めてきた。スティーブンスはこう述懐する。「先方に『事情を本当にご理解いただいているのでしょうか。そもそもお金を持っていたら、貴行に融資をお願いしません』と告げました。まったく話になりませんでした」。彼は結局、学費を貯めるために入学を延期して働かなくてはならなかった。

やがて入学を果たしたスティーブンスは、自分がかつて直面したのはよくある問題なのだと知った。彼はこう振り返る。「留学生の学費調達が困難なせいで、途中で退学したり、そもそも入学できなかったりする人々が大勢いる状況を目の当たりにしました。多くのクラスメイトが普段の会話の中で、諦めた人がどれだけ大勢いるか、『現地の』連帯保証人や担保なしで資金を得るのがいかに難しかったかを、話題にしていました。これは大きな問題だったにもかかわらず、誰も対処していませんでした(注1)」

こうしてスティーブンスと、同じくINSEADのMBAコースに在籍する共同創業者のミハ・ゼルコとライアン・スティールは、疑問視されずにいたこの問題を市場のソリューションによって解決しようと腰を上げた。

アート・フライの話を思い起こしてほしい。彼は聖歌隊の練習中に賛美歌集からしおりが落ちてしまうという厄介をしばしば経験し、隣の人の肩越しに讃美歌のどの部分を歌っているのかを確かめていた。フライは3Mの同僚サイエンティスト、スペンサー・シェルダンの、お蔵入りになった発見を思い出した。物の表面に粘着するが固着しない接着剤である。フライは考えた。これを使えば、自分が何度も経験した厄介を解決できるだろうか。さらに言えば、この問題は実のところ縮図にすぎず、働く人々のために3Mが創造できるまったく新しい事業機会、つまり、備忘や催促のためのリマインダーやメモを手軽に貼ったり剥がしたりする方法を、指し示しているのではないか。

以前から放置されてきた問題や機会、あるいは新しい問題や機会をじかに経験するのは、人や組織が非ディスラプティブな機会を見つけ出す方法のひとつである。このような場合にリーダーたちは、細心の注意を払い、立ち止まり、みずから体験へと踏み出す。ただやり過ごしたりはしない。むしろ、積極的に心に留め、注意を逸らさず、それに取り組むことで世の中に及ぶ真の変化について深く考え続ける。潜在的なインパクトが大きく、市場でのポテンシャルも有望だと判断した場合、彼らは意識的にそれを追求し、実現しようとする。

ジャック・ドーシーとジム・マッケルビーがスクエア・リーダーによって解決しようとした、「仕方ない」とされていた問題を思い起こしてほしい。個人事業主やマイクロビジネスは、クレジットカード払いに対応できなかったせいで、売上を逃していた。マッケルビー自身がガラス工芸事業の売上を失ったことで、彼とドーシーは、かねてからの未解決の問題に意識を向け、この新市場からどれだけ多くの人々が恩恵を得るかを悟り、解決に情熱を傾けるようになったのだ。

同様に、ベット・ネスミス・グラハムは、タイプミスをするたびにページ全体を打ち直さなければならない状況につくづく嫌気が差していた。彼女は、(無数の秘書と同様に)打ち直しをこの仕事にまつわる単なる厄介と捉えて諦めの境地に達するのではなく、以前からあるのに放置されていた問題をミステイク・アウト、すなわち後のリキッドペーパーによって解決しようと腰を上げた。

あなたやあなたの会社が直面しながら、どの業界によっても解決されず「こういうものだ」と見なされている従来の問題は何だろう。あなたや組織が遭遇している、真の事業機会を生み出す可能性があるにもかかわらずどの業界も対応していない、新たに出現している問題は何だろう。

共感しながら観察する

非ディスラプティブな機会を探り当てる2つ目の方法は、リーダーが共感を持って観察すると間接的に経験できる、未探究の、あるいは新たに出現しつつある既存の問題に、大きな注意を払うことである。

ウィサイクラーズを創業したビリキス・アデビイ=アビオラは、ナイジェリアのラゴスに生まれ、

ＩＢＭでソフトウェア・エンジニアとして働く数年間は米国に在住していた。故郷の家族を訪ねた際、ラゴスのスラム街に住む１０００万超の人々の生活の質が、米国とあまりにかけ離れていることに衝撃を受けた。通りにはゴミが散乱し、住民たちは自治体によるゴミ収集サービスをまったく利用していなかった。アデビイ＝アビオラはそれまで、スラム街での生活をみずから体験していなかった。それどころか、渡米前にはラゴスの名門高校に通っていた。ところが帰郷時に目の当たりにしたのは惨状だった。スラムの住民の状況に胸を痛めた彼女は、ゴミをリサイクルして現金に換え、街を清潔にし、雇用を生み、貧しい人々の収入を増やすという、非ディスラプティブな機会を見出した。

あるいは、ファイザーが非ディスラプティブな機会に目を留めてバイアグラを開発したいきさつを、思い起こしてほしい。研究チームは降圧剤の試験を行っていた。ところが被験者からフィードバックを集める過程で、予期せぬ意外な発見をした。ある男性から、この薬を服用すると夜間に勃起しやすくなると聞かされたのだ。同席していた他の被験者たちがうなずく様子が多くを物語っていた。こうしてファイザーは、ＥＤのマーケット・ソリューションをとおして非ディスラプティブな機会を創出できる可能性を見出した（聞き出した）のである。しかも、この課題に取り組むのが自社だけであることもわかっていた。

はたまた、チルドレンズ・テレビジョン・ワークショップの共同設立者ロイド・モリセットがある朝目覚めると、就学前の娘がテレビで試験電波放送《テストパターン》を観ていた。そこでモリセットは、テレビをとおして全米の未就学児を教育するための、まったく新しい機会を創造できないかを探り始めた。当時ＰＢＳ（公共放送サービス）の番組制作者だったジョーン・ガンツ・クーニーに自身の観察と考えを伝えたところ、クーニーは幼児たちがテレビとどう関わっているかをじっくり観察するようになった。幼児たちはテレビ番組に魅了されたばかりか、当時流行していたＣＭソングすべてを事もなげに暗唱するのだった。こうして、後に『セサミストリート』の共同制作者となるモリセットとクーニーは、テレビを全米の未就学児向けメディアとして活用するという、非ディスラプティブな潜在的機会を発掘した。

あなたやあなたの会社が気づいていて、自身、事業、あるいは人々に真の脅威ないし機会をもたらす可能性がありながら、どの業界からも見過ごされている、既存の、あるいは新たに出現しつつある課題は何だろうか。

積極的に探し出す

非ディスラプティブな機会を特定する3つ目の方法は、意図的に機会を探すことである。ノット・インポッシブル・ラボの創設者ミック・エベリングと彼のチームは、「人類のためのテクノロジー」というラボの基本理念に沿った、解決不能に見える問題や機会を熱心に掘り起こす。直接・間接のあらゆる知り合い、人脈、コミュニケーションを活用する他、必要に応じて現場に赴いて調査も行う。こうしてエベリングは非ディスラプティブな機会を見つけ出し、それらがダニエルの義手プロジェクトやM：NIへと結実したのである。

ノット・インポッシブル・ラボはまた、真新しい問題や機会、特に医療に関連するものについての情報提供を呼びかけ、懸命に探している。寄せられた問題や機会がチームの心に響き、コア・バリューに合致し、解決が真の変化につながると確信した場合、市場ソリューションの創造へと乗り出す。エベリングはこう語る。「今日において可能なことはすべて、かつては不可能と見なされていました。今のところ不可能に思えることが、実現への軌道をたどっているのと同様です。もしそれに価値があり、情熱が湧いてきたなら、私たちは『なぜ今やらないのか、なぜ自分たちでやらないのか』を掘り下げます（注2）」

あなたは、解決すべき真新しい問題や創出すべき真新しい機会を、積極的に探しているだろうか。これをうまく成し遂げるための仕組みやプロセスを持っているだろうか。

機会を吟味、フレーミングし、次のステップへとつなげる

第2の基本条件に進む前に、2つのアクションを取るべきである。まず1つ目に、以下のように自問しよう。「この問題や機会を他に誰が気にかけているだろうか」「探り当てた非ディスラプティブな機会の市場ポテンシャルと、及ぼし得る影響力は、どのようなものか」。市場ポテンシャルと及ぼし得る影響力は、経済的利益と社会にもたらす広範な利益、その両面から評価する必要がある。この評価は、特定した機会が目的やパーパスの実現に寄与しそうかどうかを確認するうえで、役立つだろう。

2つ目のアクションは、モチベーションにつながる地に足の着いた方法で機会を定義することである。定義があまりに広いと、その広さに圧倒されて焦点を見失うかもしれない。追求しようとする機会が手の届く範囲にあり、実現可能と見なされるためには、特に最初の段階では、あなたとチームが「実現できる」と受け止めて自信を持って挑戦するように定義する必要がある。非ディスラプティブな機会の実現を目指す人々がこれらにどう挑むか、以下で見ていこう。

あなた以外に誰が関心を持つだろう——潜在市場の規模を見極める

これまで詳しく紹介してきた非ディスラプティブな市場の創造者たちと同様に、あなたも、特定した機会が単に自身にとっての切実な問題にとどまらないことを確かめたいだろう。他の人々にも実際に関係し、従って現実に市場があって潜在的な影響力を持つ問題であるはずだ。言い換えれば、自分以外に誰が真剣に気にかけているのか、はっきりさせたいのである。時間とリソースを投入する前に、あらかじめ潜在的な市場の規模を見極めるべきだ。

ジャック・ドーシーとジム・マッケルビーは、自分たちがスクエア・リーダーによって解き放とうとしている非ディスラプティブな機会が、マッケルビーや彼が知る他の小規模店にとって他人事ではないとわかっていた。肝心なのは、市場の可能性はどれくらいか、他にどれだけの人々が真剣に関心を寄せそうか、だった。2人はこれらの問いの答えを見つけようと腰を上げ、零細企業や自営業者はもとより、何百万もの小規模店が、圧倒的な普及率を誇るクレジットカード決済に対応できずにいることを知った。これが足枷となり、販売活動をするうえで大企業と比べて明らかに不利な立場に置かれている。要するにこの問題は、マッケルビーとその友人たちだけのものではなかったのだ。解決した場合、市場性は非常に高いはずだった。

ムハマド・ユヌスは、バングラデシュの貧困層の窮状を理解しようとする中で、わずか22セントの融資が貧しい女性ひとりの一生を変える可能性があると気づき、愕然とした。この金額は、貧困を少しでも和らげるために開発援助機関がしばしば提供をほのめかす数億ドルとは、比較する術もなかった。ユヌスは学生たちとプロジェクトを立ち上げて、勤務先の大学に近接するジョブラ地区を調査し、貧困がどれほど広がっているかを探った。一軒一軒訪ねたところ、驚くべきことに、地区の全人口の半数が、かごを編む、米を選り分ける、寝袋を作るといった仕事をして、ごくごくわずかな収入を得ているにすぎず、経済状況を改善できる見込みがまったくないことが判明した。これをバングラデシュ全土に当てはめると、生活を変えることができる少額融資には巨大な市場があるように思えた。

あなたが探り当てた非ディスラプティブな機会は、スクエア・リーダー、グラミン銀行、『セサミストリート』の実現につながった機会と同じくらい多くの人々に関係し役立つと、約束されている必要はない。肝心なのは、あなたの組織の規模と志、そして情熱の向かう先である。非ディスラプティブな創造の規模は大小さまざまであり得る。M：NIは非ディスラプティブな新市場を開拓したが、eスポーツの市場規模には及びもつかない。あなたとあなたの会社にとって何が正しいのか、判断できるのはあなただけである。たとえささやかな方法であっても、多大な影響力を発揮し得る。

ただし、あなたが特定した非ディスラプティブな機会は他の人々から値踏みされるだろうから、この点には目配りをすべきである。壮大な野心を抱いているなら、苦難にあえぐ人々や、大いに恩恵にあずかれそうな人々が多いかどうか、確かめる必要がある。また、野心がささやかなものである場合は、あなたが対処しようとする問題や機会が、想定される対象者に魅力的な価値を提供できるかどうか、確かめる必要がある。

夢は大きく、出だしは小さく。特定した機会を細分化する

創造の旅をやり遂げるには、市場のポテンシャルの大小を見極めるだけでなく、問題や機会の大きさに圧倒されて遂には士気を削がれたりしないように、自身やチームの課題を細分化することも重要である。課題が膨大に見えると、解決できそうもないと思いかねない。リソースが限られている場合はなおさらだ。するとチームはたちまちやる気を失い、ともすれば手を引いてしまう。焦点もブレがちである。

これに関連して述べるなら、ノット・インポッシブル・ラボは、スーダンのような戦争で荒廃した国で手足を失った人々全員が以前から抱える、手つかずの問題を解決しようとはしなかった。その代わりに「ダニエルが自立できるように、彼のために腕を作ろう」と課題を細分化した。このほうが相手にはるかによく寄り添えて人間味があった。プロディジー・ファイナンスの共同設立者たちは、海外で高等教育を受けるための、国境を超えた資金調達の問題を解決しようとしたのではない。当初は、課題を理解・対処しやすくして親身になれるように、「INSEADの入学希望者のためにこの問題を解決しよう」と細分化したのである。

同様にムハマド・ユヌスもバングラデシュ全土の極貧状態を解決しようとはしなかった。あまりに途方もない挑戦であるため、信用されないだろうと承知していたのである。チームメンバーたちは目を見開いて、「たしかにそのとおりだ」と思っただろう。ユヌスは、真剣に受け止めてもらい

チームを鼓舞するために課題を細分化し、あるひとつの村でマイクロ融資を始めることにより、市場ソリューションの創造を具体的にイメージできるようにした。

要するに、非ディスラプティブな機会を細分化すると、気持ちの上で達成へのハードルが格段に低くなるのである。取り組みやすい規模で課題が設定されると、緊張がほどよく和らぎ、創造しようとする対象の大きさを前に頭が真っ白にならずに済み、課題に取り組めるのだ。非ディスラプティブな機会をめぐって大風呂敷を広げすぎると、途端にやる気がくじかれかねない。何から始めればよいのかわからず、容易に途方に暮れかねない。ところが細分化すれば、どれほど大きな課題であっても、達成可能に思えてくる。そして、より親近感の湧くストーリーを作ることができる。これこそが、第2の基本条件へ進むうえで手に入れたいものである。

次章では、第2の基本条件について論じていく。特定した非ディスラプティブな機会を解き放つ方法を見つけるために、どのようなプロセスとツールを利用できるかを説明するのだ。

第 8 章

機会を解き放つ方法を見つけ出す

Find a Way to Unlock the Opportunity

非ディスラプティブな機会を探り当て、それを適切に評価、フレーム化したら、次のステップでは、その機会を解き放つことになる。これを成し遂げる最善の方法は、まずはその機会がなぜ、どのようにして見過ごされてきたか、あるいは対処されてこなかったのかを、把握することである。つまり、機会を見えにくくしてきた既存の前提を掘り起こし、その前提に疑問を投げかけ、捉え直すことによって、機会をつかみ取るのである。

ここでいう既存の前提とは、あなたが特定した非ディスラプティブな機会が当然属しているように見えるが、実はそうでない業界における、既存の前提を指す。答えを見出すべき問いは、「理屈の上ではこの問題に取り組むべきはどの業界であり、取り組んでいないのはなぜか」である。

筆者らの調査によると、非ディスラプティブな事業機会はともすれば、該当する業界に従来からある、ビジネスモデルに関する前提のせいで見過ごされてきた。とりわけ、事業のリスク・リターンをどう見極めるか、対象顧客はどのような人々か、事業範囲はどこまでか、といった前提のせいである。

ひとたびこれら従来の前提が事業に及ぼす意味合いを引き出すと、機会が隠され見過ごされてきた経緯と理由に焦点が当たり、前提を疑って捉え直すことにより、機会を解き放つ方法を探り出せる。**図8-1**にこのプロセスの概略を示してある。

図8-1｜前提－含意のフレームワーク

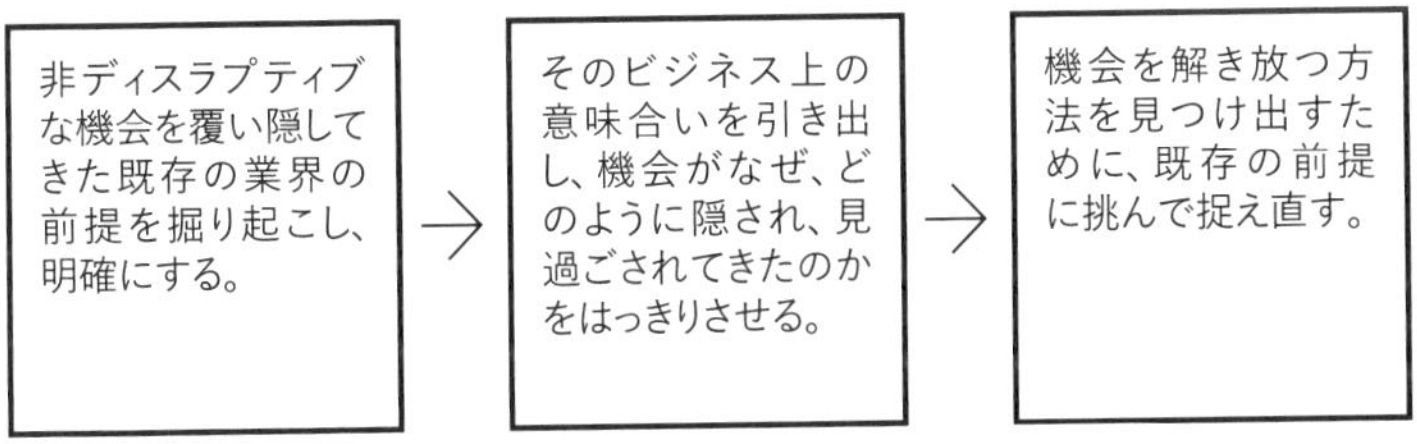
非ディスラプティブな機会を覆い隠してきた既存の業界の前提を掘り起こし、明確にする。
そのビジネス上の意味合いを引き出し、機会がなぜ、どのように隠され、見過ごされてきたのかをはっきりさせる。
機会を解き放つ方法を見つけ出すために、既存の前提に挑んで捉え直す。

機会を覆い隠してきた前提を明らかにする

機会を覆い隠す前提を見つけ、そのビジネスへの意味合いをより体系的に導き出すために、前提―含意分析というツールを紹介する。前提―含意分析とは、あなたが探り当てた機会に気づいて行動すべきであったにもかかわらずそれをしなかった、業界の暗黙的・明示的な判断を突き止め、解明するのに役立つ一ページの分析である。分析すべき重要な前提は、業界のビジネスモデルの中核的要素、すなわちリスク・リターン評価、ターゲット顧客、事業範囲に関連するものだ。この分析を行うと、なぜそのような前提のせいで既存業界が機会を見過ごしてきたかがわかるだけでなく、どうすれば前提に挑んで機会を解き放てるかが見えてくる。

プロディジー・ファイナンスを例に取ろう。同社が見つけ出した非ディスラプティブな機会とは、海外の修士・博士課程を対象とした学資ローンの提供である。企業のあいだでは、高度な学位や国際経験を持つグローバル人材を採用しようとする傾向が強まっているにもかかわらず、学生は海外、とりわけ学費の高いトップスクールで修士号や博士号を取得するための資金を得られなかった。この状況は、ビジネス、工学、法学、行政学など分野を問わず、海外で修士号を取得しようとする学生に当てはまる。

理屈の上では、この切実でありながら未解決の問題に対処すべきは銀行業界である。留学生数は過去20年間に限っても２００％超も増加していたにもかかわらず、従来型の銀行は海外留学ローンの需要の急増に気づかなかった。なぜだろうか。各行がこの非ディスラプティブな機会に気づいて対処するうえでの妨げとなっていた、長年の思い込みは何だったのだろう。

この疑問に答えるためにプロディジーは、銀行業界の前提ないし思い込みとその意味合いを、２つのシナリオに分けて解明する必要があった。１つ目は留学希望者が自国の銀行から学資ローンを借りようとする場合、２つ目は留学先の国の銀行から借りようとする場合である。

図8-2は、既存の銀行業界の視点に立った、海外留学者向け学資ローンの前提―含意分析の概要である。この業界は、海外留学者向け学資ローンを業界の枠組みからはみ出すものと捉えていた。表の左の列にはビジネスモデルの３つの主要な要素が並んでいる。すなわち、事業のリスク・リターンをどのように評価するか、対象顧客は誰か、事業全体のスコープと比べたこの事業の位置付けは何か、である。真ん中の列と右側の列には、プロディジーが特定した従来型の銀行の主な前提と、

図8-2 前提ー含意分析

海外教育ローンの事例

既存の銀行業界	前提	含意
リスク・リターン評価（融資要件）	融資を受けるには国内における良好な信用情報と職歴が必要とされ、これらがない場合は国内の担保あるいは連帯保証人が求められる。 海外留学によって得られる将来の期待リターンは未知数であり、融資要件を満たさない状態で資金提供を行うのは極めて高リスクで不可能である。	留学生の大多数は融資条件を満たさないため、海外ローンを借りられない。海外留学はたいてい、自己資金か家族からの援助によって賄われている。 海外留学の将来的な期待リターンが測定可能で一定以上の確実性を持たないかぎり、融資条件が厳格に適用されるだろう。
対象顧客	教育ローンは自国民や永住権保有者が主な対象者である。 海外教育ローンの場合、たとえ自国民や永住権保有者であっても、融資の検討対象となるのは必要とされる信用力を備えた者だけである。	学生ビザで入国した外国人が留学先で教育ローンを組むのは不可能であり、母国で教育ローンを借りるのも容易ではない。 海外留学ローンを借りようとする人々は銀行の主なターゲット顧客ではないのだ。
事業範囲	海外教育ローンの事業規模はごく小さいおそれがある。	海外教育ローンは銀行の主要業務には含まれない。

それら前提がビジネスモデルの3つの要素おのおのに及ぼす含意を示してある。

プロディジーは知見をまとめる中で、銀行業界が創業以来、基本的には地域密着型であり続けている状況に気づいた。実際、銀行を意味するｂａｎｋという単語それ自体が、18世紀のイタリアにまで遡ることができ、そこでは市場のベンチ（ｂａｎｃａ）に座る金貸しが地元民に金を貸していたのである。融資先を地元民に限るという伝統を現代の銀行が守り続けたのは、貸し倒れリスクを軽減するうえで不可欠だと考えたからである。借り手は融資を受ける際に差し入れる担保を国内に保有し、銀行は相手の身元、地元での職歴、信用履歴に基づいて、信用力を適切に評価することができた。

グローバリゼーションの時代になって資本、商品、そして人間の移動が大幅に促進されたにもかかわらず、銀行は個人向けの融資業務を地域に閉じて行う仕組みを堅持した。学資ローン事業にどう取り組むべきかについての暗黙ないし明示的な前提は、こうした従来のローカルな慣習に根差していたのである。

図８－２で示したように、銀行は学資ローンのリスク・リターンに関していくつかの前提を置いている。申請者の信用力や返済意思を確かめるには、現地の強力な信用情報が必要である。外国での信用履歴は本国以外の国で生じたものであり、確認や理解が難しいため、信頼性が低く適切ではないと考えられている。銀行は、しっかりした職歴や確認を取りやすい立派な現職も同様に、信用

力や貸し倒れリスクの低さを示す重要な証拠と見なしている。ところが簡単に確認するためには、仕事、収入、職歴が国内を基盤としたものでなくてはならない。これがない場合、銀行は融資希望額をかなり上回る現地の担保や現地の連帯保証人を要求するだろう。

プロディジーの共同設立者キャメロン・スティーブンスと融資の可能性について話し合った唯一の銀行であるHSBCが、流動資産の100%を提供するよう求める一方、融資額はその75%に抑えたことを思い起こしてほしい。別の言い方をすれば、学資ローンの融資条件として認められるのは申請者の実績と現在の資産のみであり、それらは国内におけるものでなくてはならない。

銀行が学資ローンの対象とする顧客は、一時的な学生ビザを持つ外国人ではなく、市民または永住権保持者である。なぜなら外国人学生は短期の滞在をするにすぎず、長期的な性質を持つ学資ローンとのあいだにミスマッチがあるため、銀行にとって未回収リスクがあると考えられるからだ。たとえ国民や長期居住者であっても、銀行の信用力基準を満たさなければ学資ローンの審査対象とはならない。

業務範囲という点では、銀行は国内ないし地域の学資ローン融資に重点を置いている。海外留学を対象とするローンを高リスクと見なすのは、国境を超えて法的措置を取るのが難しくコストもかかる他、外国留学のための融資はリスクが高く、銀行の業務範囲外だからである。このため、海外留学ローンは著しく敬遠され、主要業務に含まれずにいる。

機会を逃した理由がビジネスに及ぼす意味合いを理解する

かねてから受け入れられてきた上述のような前提や慣行の意味合いが引き出され、明確になった。図8－2にあったように、銀行は留学生にまで融資対象を広げることに興味を示さなかった。なぜなら、留学生は永住権を持たず、現地での信用履歴、職歴、信用力を裏づける担保もないからである。またほぼ例外なく、返済を請け合ってくれるれっきとした連帯保証人も持たない。

留学生の母国でも金融機関はやはり、自国民向けの融資に専念していた。既存の学資ローンは国内で教育を受けようとする学生向けに設計されていた。銀行は、海外で高度な学位を取得するためのローンを、本来の業務外と位置づけて極端に高リスクと見なしていた。銀行は過去の履歴と現在の資産内容に基づいて融資査定を行うが、留学生の多くは比較的若く、海外の一流大学院で学ぶのに必要な多額の融資を正当化する信用履歴も職歴も、高評価を得るような現地の担保も持たない。そのうえ学生が卒業後も海外にとどまることを選択して、債務不履行に対する遡及請求が法的に困難かつ高コストになるリスクもある。

こうして留学希望者の母国の銀行は通常、海外大学院への留学費用の融資に応じようとしなかった。快く応じたとしても多大な担保を要求し、一部の国では30％超の凄まじい金利を課した。しかもローン申請に際しては山ほどの書類を提出した挙句、学費のごく一部に相当する金額しか融資されない事態も予想された。図8－2にあるように、海外大学院への留学は大半が、スティーブンスのように自己資金か、家族による資金援助によって行われた。どちらも不可能な場合、資金を貯めるために何年も留学を延期するか、夢を完全に諦めなければならない可能性もある。言うまでもなく新興国や発展途上国からの学生は、学費の高い一流大学院の大半が所在する先進諸国と母国との所得格差により、おびただしい影響を受けた。

前提を問い直して機会を解き放つ

上述の理解をもとにプロディジーは銀行業界の前提を問い直し、海外大学院への留学費用を調達するための代替手法を考案した。それはリスク・リターンの評価から始まった。プロディジーの創業者たちはみずからもＩＮＳＥＡＤの学生だったため、入学前の資産、収入、信用履歴がどれほど乏しくても、ひとつ確かなことがあると知っていた。統計によれば、ＩＮＳＥＡＤのような一流ビジネススクールを卒業すると給与は概して大幅にアップし、倍増する例も珍しくなく、大多数が6桁台に乗る。さらに、ＩＮＳＥＡＤやその他の一流ＭＢＡプログラムの卒業生は、世界中のリーディング企業から複数の採用オファーを受ける可能性が高い。このため彼らの収入見込みは銀行が想定する「不透明」とは程遠く、むしろほぼ確実であるうえ高所得層に分類されるだろう。

プロディジーはまた、ＩＮＳＥＡＤのような一流大学院から入学許可を得る条件とは何かを考えた。学部での優秀な成績、試験での高スコア、クラブ活動やスポーツでリーダーシップを発揮するなど学業外での目覚ましい実績が必要とされた。そこでプロディジーはこう問いかけた。これらはすべて、学生が返済義務を果たすうえでの規律、決意、貫徹力を示す、確実で実績ある指標ではないか？　入学許可を得るために、そして卒業後に立派な職を得るために多大な努力をしてきた人たちが、借金を踏み倒してすべてを反故にするような浅薄なことをするだろうか？　むしろ、信用を築き上げ、ローンを返済し、より大きな成功を勝ち取るために、慎重の上にも慎重を重ねるのではないか？

もし学生が入学許可を得た大学や大学院課程の知名度や評判、卒業後の収入や就職状況の統計データを入手できれば、留学生の信用力や債務不履行リスクに関する新規モデル開発の土台となり、大学院入学前の給与水準や信用データよりもはるかに正確だろうと考えられた。

プロディジーは、銀行が学資ローンの対象をあくまでも国内で進学する場合に限るのは、主として法的救済と強制力の観点からであると理解していた。しかし、この高度にグローバル化して緊密につながる世界において、なぜ国境を超えた法的強制力のインフラを構築できないのだろうか。たしかに、信用評価の手法は国によって異なり得るだろう。とはいえ現地の知識を活かせば、さまざまな地域や国において信用行動がどのように反映されるか、債務不履行の場合に借り手に効果的なペナルティを科すにはどうすればよいか、理解できるのではないだろうか。

スティーブンスの説明はこうである。「信用調査がさほど洗練されていない国であっても、現地市場で債務不履行に関する情報を集めて、過去に債務を踏み倒した人物は住宅ローンなどの信用供与を受けるのが極めて難しい、あるいは不可能な状況を作り出すのは可能です」(注1)。このようにしてプロディジーは、期限内返済への大きなインセンティブを伴う国境を超えた強制力を確立し、結果的に、累計の債務不履行率を1%未満に抑えることができた。

さらに、ボーダレスなオンライン融資プラットフォームがあれば、一つの国にとどまらず、世界のどの地域からでも学生の有望度をコスト効率よく把握、評価できるだろう。するとプロディジーは、一カ国にとどまらず世界のあらゆる国々からの学生を対象に、長年の懸案を解決し、巨大で非ディスラプティブな新規市場を開拓する可能性もあるだろう。さらに、国境を超えたオンライン融資プラットフォームが、海外の大学院で学ぶ資金を調達する手段を他に持たないかもしれない発展途上国の多くの学生を惹きつけ、恩恵をもたらす可能性があると考えられた。

以上のような理解をもとにプロディジーは、この非ディスラプティブな機会を解き放つ方法を見出したのである。

留学生向けローンから貧困層向けマイクロ融資へ

プロディジーの設立者たちと同様にムハマド・ユヌスも、商業銀行こそが、農村部の極貧層への融資を実現するという、非ディスラプティブな機会にふさわしそうだと見抜いていた。ところが、当時のバングラデシュでは人口の約50%が1日数ドルで生活していたにもかかわらず、商業銀行はこの市場機会を完全に見過ごしていた。なぜだろう。グラミン銀行は、この機会を解き放つ方法を突き止めるために、商業銀行のどのような前提に挑み、改める必要があったのだろうか。

ユヌスは、農村部の貧困層が銀行の対象顧客になっていないのは、2つの重要な仮説のせいだと気づいた。第1に、融資を受けるには書類を読み必要事項を記入するために読み書きが必須だが、それができるのは極貧層のごく一部でしかない。第2に、そもそも融資を申請しなければならない。ところが極貧層は申請をするどころか、銀行の建物に足を踏み入れることさえも尻込みした。銀行による融資のリスク・リターン評価、すなわち融資の条件に関しても、銀行が設定した信用力の尺度、すなわち安定収入、盤石な信用履歴、一般的な資産や担保をいっさい備えていないのは明らかだった。

ユヌスはまた、農村部の貧困層のような大勢への融資は、商業銀行の業務範囲外であることにも気づいた。繰り返しになるが、その根底をなす理由は、銀行のビジネスモデルの土台をなす前提にあった。つまり、小口融資を多数実行するよりも、ひと握りの顧客に多額の融資を行ったほうが大きな利益を得られるため、小口融資は検討に値しないのだった。

そこで、仮説とそのビジネス上の意味合いを具体化したうえで、プロディジー・ファイナンスが行ったように、制約となる前提条件のひとつひとつを問い直し、機会を解き放つ方法を探っていった。たしかに、ローン契約を締結し、返済の法的義務を負わせるために、銀行は融資相手に読み書きを求める。しかし、法的な契約が唯一の方法なのだろうか。あるいはグラミン銀行は法的な契約に代えて、読み書きの能力を必要としない何らかの社会資本、たとえば信頼を活かすことができないだろうか。

また、農村部の貧困層が都市銀行やその行員に怖気づき、融資を求めるのはおろか、銀行に足を踏み入れることすら想像できなかったとしたら、グラミン銀行としては、現地の人々と同じ服を着て同じ話し方をする行員を村に送り込み、そこで村人たちに、生産手段を得るために少額の借金をする方法をわかりやすく説明できないだろうか。

信用力に関しては、ユヌスは担保という最も根本的な前提に疑問を投げかけた。貧しい人々には村の暮らしで培った信頼と社会的担保という最高の安心材料があると見なした。富裕層と異なり貧困層は借金を踏み倒すわけにいかないはずだとも考えた。なぜなら、彼らが一番失いたくないのはコミュニティ内での立場であり、それが最も貴重な資源であることを直感的に理解しているからである。日々の苦難の中で自身や家族が生き残れるかどうかは、往々にして、村人たちの助けを得られるかどうかにかかっているのだ。

そのうえ、もし小口融資を受けたなら、貧しい人々は美味しいケーキを作って売り歩く、米の脱穀をする、マットを織るなど、すでに持つ技能を活かせるだろう。それをテコにして原材料を購入し、収入を増やし、マイクロビジネスを立ち上げて成長させながら小口融資を返済し、ひいては貧困の連鎖を断ち切ることができる。銀行の従来のビジネスモデル「少数の顧客により多くの融資を」とは異なり、グラミン銀行は都心の高価なビルではなく、地方の掘っ立て小屋をオフィスとして使い、「大勢の人々にマイクロ融資を」をビジネスにできないだろうか。

ユヌスは、銀行が従来掲げていた前提を掘り起こし、そのビジネス上の意味合いを導き出すことにより、銀行が農村の貧困層へのマイクロファイナンスという市場機会をなぜ、どのように無視したり、見逃したりしてきたのかを、はっきりと理解した。銀行が融資のリスクとリターンをどう評価するか、対象顧客は誰か、事業範囲はどのようなものかといった前提に疑問を抱き、問い直すことをとおして、銀行という既存の業界の枠外にある機会、そしてそれを解き放てそうな方法を見出したのである。

インドの「宗教」クリケットの可能性を広げる

前提―含意分析を適用できるのは金融分野だけではない。あらゆる分野に適用できるのだ。クリケットを例に取りたい。クリケットは間違いなくインドで最も愛されるスポーツであり、人気の高さゆえに往々にして愛着を込めて「宗教」とも称される。ところが人気とは裏腹に、熱心なファン以外のインド人が公式試合に注目したり、観戦したりする例は、比較的少なかった。注目度の高い国際試合でさえも、代表チームが敗退すれば国内の視聴率は急落した。

100年の歴史を誇るクリケット管理委員会BCCI（Board of Control for Cricket in India）は、ラリット・モディを副会長に迎えて、既存のインド・リーグに取って代わったり、筋金入りのファンの熱狂に水を差したりせずに、すべてのインド人がリアルタイムでクリケットを楽しめるよう、新たな機会を創出できる可能性を見出した。この場合、市場機会はおのずと、他ならぬBCCIがみずから管理する業界に宿っていた。課題は以下の2つだった。第1に、インドのクリケット業界がこの市場機会を見過ごす原因となった、かねてからの思い込みはどのようなものか。第2に、その前提をどう改めれば、市場機会を解き放てるのか。

リスクとリターンの観点で見ると、BCCIのビジネスモデルは「非営利のスポーツコンソーシアムとして、またインドにおけるクリケットの統括団体として、自国におけるクリケットの伝統的な理念を守り、促進することを運営上の目的とする」という前提に根差していた。これは国際基準と由緒あるルール、特にテスト・クリケットと呼ばれる昔ながらの5日間の試合と、ODIと呼ばれる1日で完結する試合の堅持を意味した。伝統の尊重は、インド・チームでプレーするのはインド人に限ることをも意味した。BCCIは、こうした伝統から逸脱すればイメージを傷つけかねず、リスクが大きいと考えていた。収益と成長性を高めるために、伝統に忠実な従来の国内試合の数を増やすのが無難だとする立場だった。つまりBCCIの対象顧客は、旧来のスポーツであるクリケットの気高さと保守性や、長時間の戦いをとおして選手の強さ、能力、忍耐を試す従来型の試合を愛する、クリケット純粋主義者だった。

事業範囲としては、国内選手が出場する従来の国内リーグと地域別リーグの試合が、このスポーツの主要な収入源だった。BCCIの事業目標は、試合運営をとおしてチケット販売とイベント後援を最大化することだった。

長らく受け入れられていたこれらの前提とその意味合いを**図8-3**に示してある。端的に述べるなら、BCCIは国際基準と伝統を重んじるあまり、イングランド・ウェールズ・クリケット協会が2003年に導入した、時間を短縮して格段に躍動感を増したトゥエンティ20（Twenty20）という近代的な試合形式を無視してしまった。BCCIは、筋金入りのクリケットファンの期待に

図8-3 前提－含意分析

インドのクリケットの事例

リーダー交替前のBCCI	前提	含意
リスク・リターン評価	使命はインドにおけるクリケットの伝統を尊重することである。インド・チームにはインド人だけを受け入れ、1日ないし数日間をかけて行う従来の試合形式を維持する。 成長を追い求めて伝統的な慣行から逸脱するのは「商業主義に走っている」「イメージを汚す」などと見られかねず、非営利組織としてはリスクを伴う。 利益と売上高を増やすには、伝統に沿った従来型の試合数を増やすのが無難である。	外国人選手を交えてスピーディに進む3時間のトゥエンティ 20という試合形式に基づく、よりダイナミックで楽しい試合を導入するという、近代化の機会が見過ごされている。 長時間の試合はテレビ放映に適さず、より幅広い視聴者を惹きつけて多額の放映料収入を得る機会を逃す。 成長性と収益性が限られるため、インド人選手は他国の選手よりも低い収入に甘んじる。
対象顧客	インドにおける熱狂的なファンは、クリケットの伝統的な価値観を支持している。狙いは、本来の伝統を守りながら、このような筋金入りのファン層を拡大してインドのクリケットを発展させることである。	現状ではクリケット市場の顧客ではない、国民の大半を占める一般のインド人を魅了しそうな、楽しさや感動といった非伝統的な価値を提供しないせいで、顧客層を広げる機会をつかめずにいる。
事業範囲	国内の選手が参加する従来の全国・地域リーグの試合が主な収入源である。事業の目標はこれらをマネジメントしてチケットの売上とイベントの資金支援を最大化することである。	従来の事業範囲を拡大する機会を逃している。メディアとの相性のよい短時間の試合を海外からの人気選手を交えて行えば、大勢のファンを惹きつけて収益源を拡大できるのではないか。

応えるうえでは、楽しさや感動が大切であることを見落としていた。従来の試合は、熱烈なファン以外の一般の人々にとっては時間がかかりすぎて進行が遅く、何日も観戦する気にはならなかった。さらに、長時間の試合形式はテレビ観戦に適さなかったため、テレビの高視聴率も多額のスポンサー収入も得られなかった。

このような影響に気づいたBCCIは、モディの働きかけを受けて従来の前提を問い直し、まったく新しい事業「クリケッテインメント」と新リーグを設ける方法を考案した。この新リーグは、試合を迅速に進行する3時間のトゥエンティ20形式を採用し、併せてダンス、音楽、花火、ライトショーを取り入れた。重要な点として、インド人だけでなく他国の選手にも門戸を開き、高度なプレー、大きな魅力、国際的な名声を目指した。BCCIは新リーグのチームをフランチャイズ化し、非営利ではなく営利事業にすることで、財界の大物、ボリウッド・スター、起業家などのセレブにチームオーナーになってもらう方法を思いついた。こうすれば新リーグの魅力が増すばかりか各チームの資金力が高まり、国内外の一流選手を獲得し、素晴らしいプレーにふさわしい報酬を支払うことができる。他方でBCCIのコストは低減する。

血湧き肉躍る短時間の試合はあらゆる層を惹きつけ、参加型イベントやテレビ放映に打ってつけであるため、多額のスポンサー収入をもたらすだろう。また、BCCIは国内におけるクリケットの統括団体であるため、国内外の試合日程と重ならないように新リーグのスケジュールを調整して、視聴者（またはクリケットファン）が既存リーグと新リーグの試合を天秤にかける可能性を排除できる。

ＢＣＣＩはインディアン・プレミアリーグ（ＩＰＬ）を立ち上げて、クリケット・エンターテインメントという非ディスラプティブな新市場を創造した。初年度の２００８年以降、ＩＰＬは凄まじい反響を得てきた。試合のチケットは完売し、テレビ放映の視聴者はインド国内で2億人、海外では１０００万人と推計されている。２０２１年時点で、ＩＰＬの評価額は約60億ドルに達し、増加傾向の視聴者数は4億人を超える。ＢＣＣＩはＩＰＬの創設をとおしてクリケットへの情熱を広め、スポーツに熱心な若者たちの参加を促して最高峰リーグでプレーしてもらうことで、停滞を脱して急成長を遂げた。

自分の頭で考えて識者に対抗する重要性

前提―含意分析を行う際には、２つの点を念頭に置くとよい。ひとつは、他人の憶測を鵜呑みにしないこと。もうひとつは、識者に打ち負かされないように備えをすることである。

他人の憶測を鵜呑みにしない

独自の視点を持ち、疑問を率直に投げかける勇気を持とう。『セサミストリート』の共同制作者ジョーン・ガンツ・クーニーが、就学前児童に向けたエデュテインメントというまったく新しいアイデアを発表したとき、この機会を活かすのにふさわしいと見られた教育業界の専門家たちは、異なる思い込みに囚われていた。その背景にあったのは、「ファンタジー（マペットを思い浮かべてほしい）と現実を融合すると、子供たちが混乱するおそれが大きいため、避けるべきだ」という従来の理屈である。

『セサミストリート』の手法は、当時の教育業界の真逆を行くものだった。ユーモア、歌、アニメーションを駆使して子供たちの関心を惹きつけて離さないこの番組は、むしろテレビCMに似ていた。広告主が商品を売るためにテレビCMを打つのと同じように、『セサミストリート』はジングルと繰り返しを使って、それまで誰も想像しなかった方法で数字や文字を教えたのだ。

識者から落胆させられるのを覚悟しよう

教育の専門家や政府関係者は興味をひかれたものの、最初の頃はジョーン・ガンズ・クーニーとロイド・モリセットが見出した非ディスラプティブな機会に懐疑の目を向けた。米国の教育省でさえ当初は、教育目的のテレビ番組というアイデアを完全に軽視する人々が大勢を占め、そのような番組は退屈で古めかしく、素人臭いものだとさえ考えていた。(注2) 幼児が夢中になって飽きない、ましてそこから学びを得るなどとは、眉唾だろう――。

キャメロン・スティーブンスとプロディジー・ファイナンスの共同設立者たちは、みずから発掘した非ディスラプティブな機会の放棄を強く迫られた。実現不可能だというのだ。その理由は、「金融業界は規制が厳しすぎる」「銀行がクロスボーダー融資を提供できないなら、あなたたちにそれができるはずはない」「信用評価は将来性ではなく実績をもとに行うのが常識だ」などさまざまだった。

そしてムハマド・ユヌスは、非ディスラプティブな機会を見出したものの、最初からダメ出しをされた。銀行業界や政府関係者はユヌスの着想を一笑に付し、彼を見下した。従って、識者に落胆させられるのを覚悟しておこう。

「落胆させられるだろう」と予期していれば、いざというときに平静でいられる可能性が格段に高くなる。同様に重要な点として、識者が繰り返す言葉の中に貴重な学びがあるかどうかを賢明に判断できるよう、平静を保つとよいだろう。彼らはあなたが見落としていた重要な問題を提起しただろうか。その問題提起によって、機会をどう解き放つかについてのアイデアが補強されるだろうか。なぜその機会が放置されてきたのかをめぐって、あなたが気づかずにいた複雑な裏事情に光を当ててくれただろうか。批判を脅しとしてではなく、自身のアイデアの健全性を確かめ、学びを得て、より力をつけて前進するための一助と捉えよう。

以上の理解をもとに、次章では第3の基本条件について掘り下げ、機会を実現する方法と、成功に必要なコンピテンスと自信のダンスを論じる。

第9章

機会を実現する

Realize the Opportunity

図9-1｜非ディスラプティブな創造の実現に向けたフレームワーク

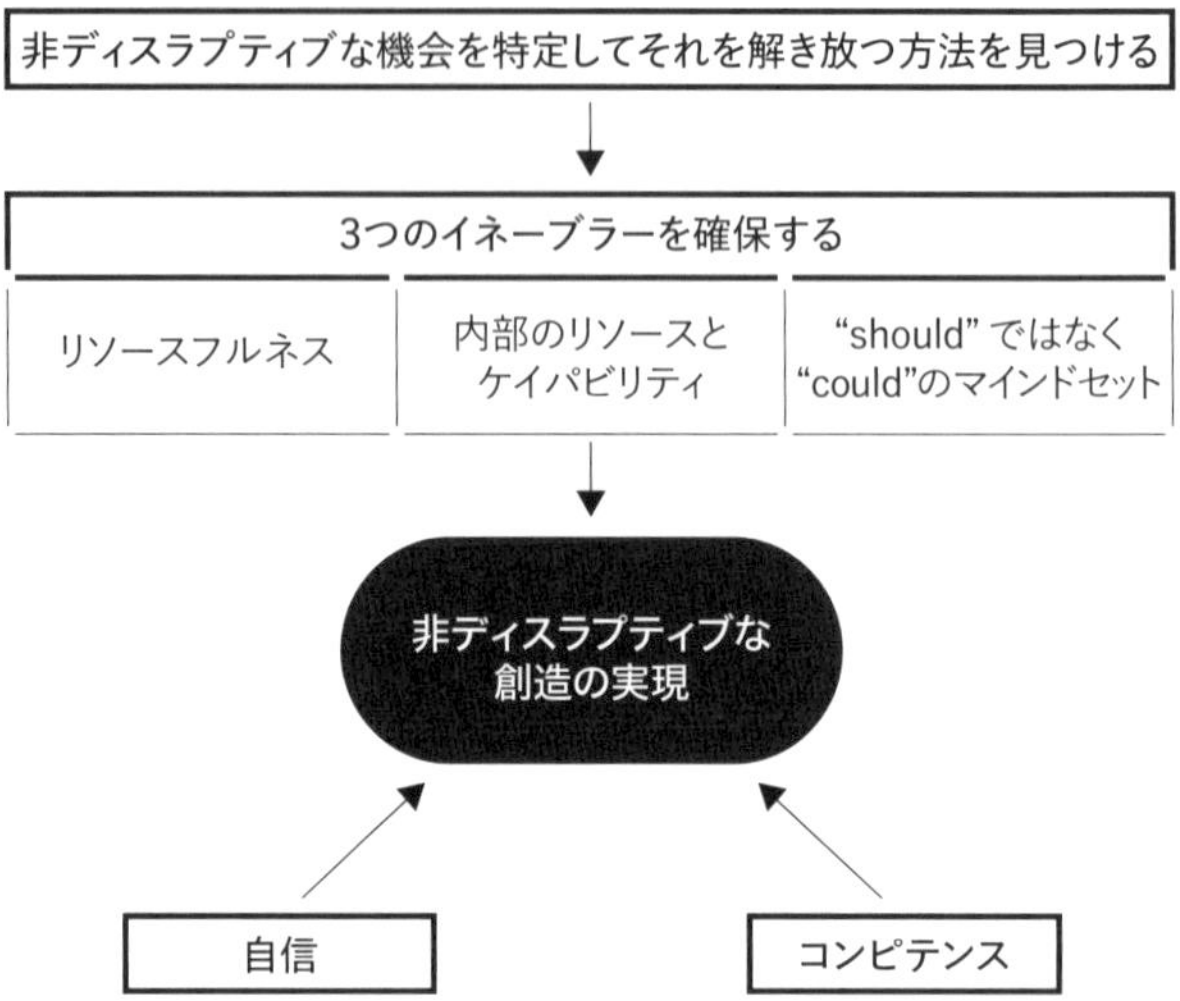

追求すべき非ディスラプティブな機会を特定して、それを解き放つ方法を見つけたなら、次のステップは実現である。この3つ目にして最後の基本条件の目的は、低いコストで高い付加価値の実現を助けることだ。本章では、まず必要とされる主なイネーブラーについて説明し、それらを確保する方法を紹介する。続いては、関係者に理屈と感情の両方でこの機会を支持し、行動を起こして実現に漕ぎつけてもらうための、確実な方法を示す。

図9－1は網羅的なフレームワークであり、非ディスラプティブな創造の実現に向けた3つの基本条件の主な行動ステップを示す。図にあるようにこのプロセスは、非ディスラプティブな機会の特定（第1の基

本条件）、その機会を解き放つ方法の発見（第2の基本条件）から始まる。機会は、存在するが未開拓のものでも、既存の業界の枠外に新たに出現しつつあるものでもよい。プロセスは次に第3の基本条件へと進み、機会を実現するうえで不可欠な3つのイネーブラー、すなわち「リソースフルネス」、「内部のリソースとケイパビリティ」、「〝should〟ではなく〝could〟のマインドセット」と、これらを創造ないし確保する方法を論じていく。これにより高価値・低コストの方法で機会をつかみ取る方法を学ぶことができる。

このプロセスの最後には、採用したアプローチが成功につながるのか、それとも修正してさらに練り上げる必要があるのかを見極めて確認するための、有用なツールが用意されている。このツールは、機会をめぐる全関係者の自信と、成功へと導くコンピテンスという、2つの要素の上に成り立っている。

機会を実現するための「3つのイネーブラー」

リソースフルネス

リソースフルネスは、「世界はあなたの思いのまま」（The world is your oyster）という格言に関係する。つまり、世界中の知識、エッジ、専門性、資源、ケイパビリティを、みずから保有しない場合でさえも創意工夫によって活かして、自分たちが突き止めた非ディスラプティブな機会の実現に必要なものを揃える能力である。こうすると、手元のリソースやケイパビリティを使って成し遂げるよりもはるかに優れた成果を、より低いコストと少ない資本で、往々にして自分ひとりの場合よりも優れた専門知識とスピードで実現できるだろう。

リソースフルネスにはいくつかの種類がある。手始めに、なかなかわからずにいる事柄をグーグルやダックダックゴーを使って調べてみる。「知識や専門性がないからわからない」と考える代わりに、誰が知識を持つか、あるいは持っていそうかを調べて、その人からあらゆる事柄を学べるようにするのだ。世の中には誰もが利用できる無償の知識や教育が溢れているが、それらを利用しない人や組織も多い。

自分で調べて答えを見つけ出すハードルは、かつてなく低くなっている。セールス手法をポッドキャストで、3Dプリンターを使った大量生産手法をユーチューブで、コーディングをカーン・アカデミーでそれぞれ学んだり、デザイン、調達、ファイナンス、パッケージング、あるいは国、州、郡にまたがる税制や規制などを無料で学んだりできる。各界の一流の思想家や実践者によるものを含め、技術、科学、形而上学などほぼあらゆるテーマに関する、無償で利用できる豊富な知識、教育、有益なポッドキャスト、動画、デジタル記事を過小評価してはならない。それらをうまく活用すれば、非ディスラプティブな機会を実現してその道の専門家になれる。

ミック・エベリング、ダニエル・ベルカー、そしてノット・インポッシブル・ラボがミュージック：ノット・インポッシブル（M：NI）の実現に乗り出した際、テクニカル・ミュージック・アーティストのベルカーは、振動、耳の聴覚機能、そして脳、耳、皮膚の間の神経伝達に関する科学研究を探し求めた。ベルカーは、科学者、脳の専門家、聴覚学の博士のいずれでもなく、エベリングも同様だったが、機知に富んだ彼らはM：NI実現の手がかりをつかむための最高の知識をほぼ無償で活用し、実際に困難を克服して目的を果たした。

プロディジー・ファイナンスのキャメロン・スティーブンスは、国境をまたぐ融資の執行や外国での債務不履行にまつわる償還請求権の専門家ではなかった。しかし、強固なビジネスモデルを構築するうえでこれらが重要な柱であると認識した後は、共同創業者ともどもリソースフルネスを発揮して、現地における与信のベスト・プラクティスに学んだり、インターネットから知識を吸収したりして、与信行動にまつわる基本ルールについて（国や地域によって明白な違いはあるにせよ）調べられる限りのことを調べて、国境を超えた融資の執行可能性の枠組みを設けた。スティーブンスと事業パートナーたちは素人として出発しながらも専門家になったのだ。

非ディスラプティブな機会を実現するうえで、欠けている知識、あるいは理解を深めるべき知識は何だろうか。それらを残らずリストアップして、ネット上で検索してみよう。知識を大きく広げるために、検索条件を緩めに設定しよう。そして、具体的な絞り込み条件や、その知識を持っていそうな人や組織が見えてきたら、検索範囲を狭めていくのだ。

リソースフルネスとは、他の業界や分野、あるいは現在や過去の類似状況に意識的に目を向け、非ディスラプティブな創造に応用できるヒントや創造的なプラクティスを見出すことを指す。キックスターターのペリー・チェン、ヤンシー・ストリックラー、チャールズ・アドラーは、芸術家が過去にどのように資金を調達していたかを探るために、はるか昔に目を向けた。そして、芸術家の活動に資金を提供したのは、メディチ家や教会だけではないと知った。創造的な活動に大勢が資金援助した例は枚挙にいとまがなかった。たとえば、アレクサンダー・ポープが『イーリアス』をギリシャ語から英語へ翻訳するに当たっては、750人が資金を援助し、返礼として初版に名前が刻まれた。この事例を参考にしたキックスターターは、資金提供者に金銭的なインセンティブを提供するのではなく、代わりにアーティストのウェブサイトに名前を載せて謝意を示すことにした。

同様に、ジョーン・ガンツ・クーニーは『セサミストリート』を実現するに当たって、子供たちの注意を引き、脳裏にアイデアを刻みつけるために、歌、色彩、スピード、韻の踏み方に至るまで、広告業界の手法を借りた。またゲーム業界は、eスポーツリーグを創設して世界的なeスポーツ選手権大会を実現する参考に、世界規模のスポーツに目を向け、広告宣伝の展開、情報発信、放映権を活用した試合の収益化についての知見を得ようとした。

他にどのような業界、領域、類似の状況、あるいは時期が、非ディスラプティブな創造の実現法をめぐる洞察につながるだろうか。この問いへの答えを自由に幅広く考えながら、目の前のハードルを乗り越え、非ディスラプティブな創造をめぐるパズルの欠けたピースを埋めるための、革新的なアイデアや方法を見つけよう。

リソースフルネスの第3の要素は、組織や既存のチームの外部にあるリソース、才能、技術専門性、ケイパビリティを認識し、公式または非公式のパートナーシップをとおしてそれらを活用することである。ミック・エベリングは、身体のさまざまな部位の皮膚振動がどう音感と呼応するのか、より多くのセンサーが必要なのか、皮膚がどのような強度でどう振動すれば脳に伝達されたときに聴覚障害者が効果的に音楽を体感できるのかという、M：NIのチームに欠けていた視点を取り入れるために、聴覚障害を持つ米国人ポップシンガー、マンディ・ハーヴェイに協力を求めた。アヴネットとの提携にも乗り出し、同社がテクノロジー分野で持つ高い専門性の助けを借りて、M：NIの洗練された、軽量で快適なバイブロ・テクノ・ベストを製造、改良した。

あるいは、プロディジー・ファイナンスの例も引こう。プロディジー・ファイナンスは、数々の一流大学と正式に提携して、卒業生の就職状況、給与水準、経歴、試験の成績などの大規模データベースにじかにアクセスする権利を手に入れた。これにより、学生の将来の見込み収入をもとに、信頼性の高いリスク・リターン評価モデルを構築できた。大学側がこの独自情報の提供に前向きになったのは、プロディジーが、自分たちが生み出す非ディスラプティブな新市場の恩恵により、大学院の諸コースが海外の学生に訴求しやすくなる半面、融資の恩恵によって入学許可を得た学生が実際に入学する確率も高まるだろうと、説得力のある説明をしたからである。

同様にスクエアを考えてみよう。ジム・マッケルビーとジャック・ドーシーは、マイクロビジネスや個人事業主向けにクレジットカード決済という非ディスラプティブな市場を創出するために、アップルのｉＰｈｏｎｅの土台をなすＲ＆Ｄのすべてを、実質的に無償で活用した。(注1) その陰にはどのようなカラクリがあるのだろう。２人は自分たちの非ディスラプティブな創造の核をなすのは、持ち歩けてどこでもクレジットカード決済に使える、小型で無駄を排除したデバイスだと判断した。マッケルビーは、活用できそうなものを求めて世の中に広く目を向けた。(注2) そして、ｉＰｈｏｎｅが新聞、テレビ、カメラ、地図、アルバム、さらにはステレオの役割をも果たすことに気づいた。それなら、ｉＰｈｏｎｅのテクノロジーをクレジットカード決済にも活用できるのではないか？

スクエアはこれを文字どおり実現した。決済時にクレジットカードのスワイプに用いるスクエア・リーダーは、ｉＰｈｏｎｅや他のあらゆるスマートフォンのヘッドフォン・ジャックに差し込むことができる。ヘッドフォン・ジャックは世界共通のオープン規格であるため、スクエアにとってはアップルとの提携も、この素晴らしいデバイスの使用料負担も不要である。こうしてスクエアは、非ディスラプティブな創造のために高いコストをかけて開発してもまったく不思議ではなかったものを、ほぼ無償で手に入れた。

非ディスラプティブなソリューションを実現するには、外部から誰を招き入れる必要があるだろうか。欠けているリソースはどこから調達すればよいだろう。必要とされる技術的専門性やケイパビリティは、どの組織が持っているか。外部の人材や他社の専門性、ケイパビリティ、規模の経済を活用すれば、コストを大幅に削減し、ケイパビリティ不足を埋めることができる。

リソースフルネスの最後の要素は、未活用ないし十分に活用できていない社会資本の発掘と活用である。「社会資本《ソーシャル・キャピタル》」とは、特定の社会やコミュニティに属する人々の規範、理解、絆、相互コミットメントを指す。ムハマド・ユヌスは、極貧層は読み書きができず担保もないという現実を克服するために、彼らの緊密な社会的つながりを活かして、融資返済を確実にし、借りた資金が貧困の連鎖を断ち切るための生産的な手段に活かされるようにした。

融資を受けるには、5人の村人が結束して相互扶助ユニットを形成しなくてはならない。そして銀行は、ユニットが指定するメンバーひとりに少額の融資を行う。その人物が数カ月にわたって規則正しく返済した場合にのみ、他のメンバーも融資を申請できる。これにより、ユニット内に「誰も借金を踏み倒さないように」という微妙な圧力が生まれ、仲間を大切にして「仲間を失望させまい」という高い道徳的責任を持つメンバーだけを選ぶインセンティブが自然と働く。相互依存は「メンバーの誰かが苦境に陥っているなら助けよう」という意識を培い、その過程で個々の借り手の信頼性はいっそう高まる。

グラミン銀行は、以前からある未活用の社会資本を発掘して活かすことにより、金融資本を活用する道を極貧層に初めて開いたばかりか、98%の返済率を達成した。そのうえ、融資の承認、執行、回収、契約にかかるコストを大幅に削減した。

コント・ニッケルにとっての重要課題は、フランス国内に500万人いる銀行口座を持たない人々に、いかに効果的かつ低コストで「バンク・イン・ア・ボックス」を配布するかだった。この課題に対処するために、対象層が居心地よく過ごせて頻繁に訪れそうな場所を探り当てようとした。答えは、彼らが毎日集まっておしゃべりに興じたり、新聞、タバコ、切手、宝くじ、携帯電話の充電器など、頻繁に使うものを購入したりする、タバ（簡易コンビニ）や通信社という興味深い場所だった。これらの店舗は、銀行口座を持たない人々やその他多くのフランス人にとって、とっておきの社交空間だった。

タバや通信社はすでにフランス全土に進出しており、営業時間が非常に長く、どれほどの僻地や田舎にもあるのだった。コント・ニッケルはタバや通信社との提携をとおして低コストの簡易口座を普及させた。しかも、これらの店舗が一等地にあり、人々が足繁く訪れることから、広告宣伝費をかけずに、クチコミだけで急速にブランド認知度を高めて売上を伸ばしたのだ。

非ディスラプティブな創造を実現するために、市場ベースの経済的手段だけに目を向けるのではなく、「活用できる社会資本はないだろうか」「どのような社会規範、（フランスのラ・ポストの従業員が市民と結んでいたような）すっかり定着した信頼の絆、相互コミットメント、あるいは（M：NIを実現するためにミック・エベリングが活用したような）高い次元の利害の一致が活用できるだろうか」といった問いと向き合おう。

内部のリソースとケイパビリティ

非ディスラプティブな機会の実現は、組織がすでに持つリソースやケイパビリティ、さらには構築ないし獲得するリソースやケイパビリティにもかかっている。公式・非公式のパートナーシップをとおしてすべてを外部から調達できる例は稀であるし、必ずしも望まれないだろう。ここでは、テクノロジー、資本、R&Dや製造の施設、その他の物理的リソースといった有形資産やケイパビリティ、さらには組織やチームの知識やノウハウに刻み込まれた無形資産、具体的にはデザイン、微細化、コーディング、社会的影響力、チームワーク、ブランド認知度などにも目を向けるとよい。

低コストで高価値を実現する方法によって内部の資産を活用し、非ディスラプティブな機会を実現するには、どうすればよいのだろう。内部のリソースとケイパビリティを創意工夫によって結びつけて、効果的かつ効率的に機会を実現できるだろうか。また、組織やチームがすでに持つ知識やスキルを活用して、必要なものを構築したり、創造的に獲得したりするにはどうすればよいだろう。

中国の養殖業界に長らく君臨してきた通威集団の例をここでも取り上げたい。通威集団は2000年代半ば、ソーラーパネルに欠かせないポリシリコンという素材の製造への多角化を進めた。2010年代初めに政府が「2030年までに炭素排出量を減少へと転じさせる」と宣言すると、土地が豊富な中国西部でグリーン・エネルギー生産施設の建設が急増したが、この種の施設を最も必要とするのは西部ではなく、産業活動が集中し、電力需要が旺盛でしかも急増傾向にある東部と中部の省であった。人口密度の高いこれらの地域では、グリーン・エネルギー施設に適した土地は、農地としての活用を政府から義務づけられていたせいで、ほとんど残っていなかった。ただし、水は豊富にあり、その多くは魚の養殖に使われていた。

通威集団は養殖業を営んでいるため、養殖場やそれが立地する地域、水の特徴に精通していた。また、それら地域の養殖業者や地元自治体との強い関係性やパートナーシップを築いていた。これだけのリソースを有する会社は他にほとんどなかった。通威集団は養殖場の用途を養殖事業に限定せず、その知識や縁をうまく他の用途にも活かすことにより、グリーン・エネルギーというまったく新しい、非ディスラプティブな機会を地域に提供できるだろうと考えた。

養魚場、工業化した水産養殖、ソーラーエネルギーの専門性を、工夫を凝らして組み合わせることにより、養魚場にソーラーパネルを設置する革新的な手法を考案した。これは技術的に実現可能なだけでなく、養魚業者に売上増を、地元自治体には税収をもたらす一方、自社にはまったく新しい成長可能性と事業体、すなわち通威新能源社をもたらすことになるのだった。養魚業者と地元自治体から要求されたのは、未活用の水面を通威集団が借りて利活用するという合意だけだった。通威集団は実質的に、養魚業者のために水中での養殖による収獲を増加させるとともに、水面を活用して国のためにグリーン・エネルギーを供給した。この結果、業界をディスラプトせずに、すべての関係者に恩恵をもたらした。

通威集団がこのような成功を手にしたのは、主として自社のリソースとケイパビリティを工夫を凝らして組み合わせた結果である。ただし、これまでに述べてきたように非ディスラプティブな機会は、新しいリソースやケイパビリティを築き、すでにあるものと組み合わせることによっても実現できる。フォーチュン500社の一角を占める中国平安保険が、中国におけるプライマリー・ヘルスケアという数十億ドル規模の非ディスラプティブな機会をどのように実現したかを考えてみよう。欧米諸国では質の高い医療が十分に確立しているが、中国では事情が異なっていた。公認のかかりつけ医や独立開業医の制度がないため、受診機会の少なさは長らく未解決の問題だった。

中国人は従来、健康上の問題や懸念が何であれ、主要な公立病院とそこで働く十分な資格を持った医師しか信頼していなかった。肝心なのは、大きな公立病院の門をたたく人々の50%近くが、そもそも来院すべきでなかったということだ。なぜなら、ちょっとした不調やよくある慢性的な症状であるのに、高度な専門医療に従事してすでに過重な負担を強いられていた医師のもとを訪れていたからだ。結果的に、公立病院にはキャパシティを大幅に超える負荷がかかり、医師は日に100人超の患者を診るようになり、患者はわずか数分間しか診察してもらえないという残念な経験をしていた。こうして、特に小さな都市や遠隔地の人々は、しばしば自己診断をしたり、無認可の診療所に駆け込んだりするようになり、結果的に誤診が起きたり、患者の健康状態に深刻な影響が及んだりした。

かねてからのこの未解決・未開拓の問題に対処するために、平安保険は高い評判と潤沢な資金を活かして平安医好生を設立し、ブランド認知度と資金を与えた。ただし、平安医好生が非ディスラプティブな市場を創造するには、人々が信頼して利用しようと思うような、高い資格を持つ医師のネットワークが必要とされた。人々が当時信頼を寄せていた医師たちは、国内屈指の評判を誇る病院ですでに勤務し、過重労働をしていたため、提携や紹介はできそうもなかった。

この難題を乗り越えるために平安医好生はある可能性に着目した。一流病院に勤務していたが公私さまざまな理由で退職した医師たちを集めて、信頼される医師たちに引けを取らない常勤医師チームを結成すればよいだろうというのだ。一流病院では医師同士の競争が激しいことがわかってきた。出世の階段を上るには、診療面の優れた技術や実績だけでなく、研究実績も求められていた。研究実績は病院を格付けするうえでの重要な基準のひとつだったのだ。豊富な臨床経験を持つ半面で研究への野心や興味に乏しい医師が、同僚からのプレッシャーや昇進の見込みの薄さゆえに、仕事を辞めて他に機会を求める例もあった。このような意欲的な医師は、レベルの低い医療機関に就職したり、独立開業したりはしないだろう。中国社会では主流の生き方ではないからだ。むしろ、それまでの臨床訓練への投資を無駄にしてでも、大手製薬会社の営業担当者など、医療関連の別の職業に就くのである。

平安医好生はこのような優秀な医師たちを、自社で活用できる見過ごされたリソースと捉えた。そして彼らに、高給とストックオプションを得て引き続き医療に従事しながらまったく新しい理念の一翼を担うという、有望な機会を与えた。しかも、これらの医師たちは過去に公立の大病院に所属していたため、平安医好生の基礎的医療はたちどころに信頼と信用を得て、一般の人々から広く受け入れられた。

医療の提供コストを下げるには規模を拡大する必要があった。そこで平安医好生は、自社のプライマリーケアを受ける唯一の手段として、全国の人々が容易にアクセスできるインターネット・プラットフォームを構築した。これにより、病院や外来診療施設といった物理的なインフラへの高額投資を避けることができた。低コストのオンライン・プラットフォーム上でサービスを提供できる、優秀な医師陣を擁する平安医好生は、患者すなわち顧客に卓越した価値を届けた。具体的には、30秒以内に医師が応答するという確約、24時間サービス、2時間以内の処方薬宅配、テキスト、画像、音声ないしビデオ通話による相談などである。患者と医師の双方が瞬時に画像や文書をアップロードして交換することも可能だ。このプラットフォームの恩恵により、人々は場所や時間を問わず低料金で平安医好生のサービスを利用でき、想像したこともない価値を得られるようになった。

平安医好生が創出した真新しい非ディスラプティブなプライマリーケア市場は、病院主体の中国の医療システムを駆逐するのではなく補完した。インターネットを基盤とする高品質・低コストのシステムは、長期的な健康管理を支援し、多数の人々の慢性および一般的な健康ニーズに対応する一方、大規模な公立病院の負担を軽減して、重篤な患者へのより生産的な対応を可能にした。

創業から4年後の2018年8月、平安医好生は香港証券取引所に上場した。2億人超の登録ユーザーと3290万人の月間アクティブユーザーを持つハイテク・ユニコーンとして、メディアからの称賛を浴びた。現在、時価総額は200億ドルを超えている。

通威集団と平安医好生は、非ディスラプティブなサービスを創造するために3つのイネーブラーすべてを活用したが、リソースやケイパビリティも、かねてから保有し創造的に活用していたものに加え、新たに獲得したものが不可欠だった。あるいはリソースフルネスを発揮して、外部のリソースやケイパビリティを無償ないし低コストで活用することによって、非ディスラプティブな商品やサービスが創造される場合もある。この場合に投資の重点が置かれるのは、主に、対象顧客にとって他にはない独特な魅力を持つリソースやケイパビリティを社内で構築することである。

スクエアは、アップルのiPhoneやその他のスマートフォンを追加コストなしで活用する一方、内部のリソースをスクエア・リーダー（クレジットカードを挿入する小さな白いプラスチック製ハードウェア・デバイス）に集中させた。ジム・マッケルビーのデザイン・スキル（思い起こせば、彼はガラス工芸を手掛けていた）を土台にして、自前でデバイスを制作・製造した。目標とするのは、単に機能するだけでなく、見栄えがよく、小型で、人々が笑顔で話題にするような愛らしいデバイスの開発であり、ひいては、スクエアの非ディスラプティブな創造がクチコミで広まる状況だった。設計と製造を一貫して自前で行っていたため、ハードウェアの外観、手触り、機能を速やかに変更・改良し、試験と再試験を行って、持ち上がった問題を修正できた。

〝should〟ではなく〝could〟というマインドセット

リソースフルネス、内部のリソースやケイパビリティに加えて、非ディスラプティブな創造を実現する3つ目のイネーブラーは、〝ｓｈｏｕｌｄ〟ではなく〝ｃｏｕｌｄ〟の精神で考え、問いかける姿勢である。非ディスラプティブな創造を実現するために、ビジネスモデルやテクノロジーはどうあるべきかと問うのではなく、それらを繁栄の機会に変えるのはどうすれば可能かと問うのである。なぜなら、「べき論」は士気をくじくからだ。足枷となるからだ。私たちの思考を停止させ、答えを見つけるよう迫ることによって、クリエイティブな想像力を麻痺させがちである。そしてたいていの場合、答えはすぐには判明せず、そうなると諦めの気持ちが頭をもたげてくる。それだけでなく、「べき」は自由な発想を許容せず、さまざまな選択肢をふるい落とす役割を果たす。あまりに単純ないし「突飛」な、異端ともいえるアイデアは、ともすれば胸の内にしまったままになるか、さらに悪くすると思い浮かびさえしない。なぜなら、最善のアイデアであるかもしれないのに、すでに無意識のうちに却下してしまっているからだ。

対照的に、〝could〟は私たちを元気づけ、プレッシャーを和らげてくれる。答えではなく可能性を考えるよう促すことにより、「発想の翼を広げてよい」とお墨付きを与えてくれる。ムハマド・ユヌスが信用力を得る手段として眠ったままの社会資本に目を向けたときや、ジョーン・ガンツ・クーニーが従来の教師に代わるものとして、擬人化したおどけたマペットに関心を寄せたとき、あるいは通威集団が新たなグリーン・エネルギー市場を創造する際の有力なパートナーとして、養殖業者に着目したときのように。

〝could〟は、究極の答えを探す代わりに、目先を変えて解決策の候補やパズルのピースを見つけるために、往々にして意外な人や場所を当たるとよいという発想をもたらしてくれる。ミック・エベリングと仲間たちが、幼いダニエルのために3Dプリンターを用いて人工の腕と手を作ろうとして、南アフリカの大工を頼ったことを思い出してほしい。〝could〟はまた、すべての提案を十分に比較検討し終える前に性急に判断しようとする本能を、押しとどめる。目下の理解は往々にして変わり得るにもかかわらず、私たちはともすると、それを永久に不変であるかのように扱いがちである。この事実に目覚めると、自分の考えを問い直し、他者の考えに耳を傾け、揺るぎない真実として受け止めてきた事柄に疑問を向けるようになる。すると「できるはずがない」という発想を抜け出して、自然と好奇心を抱き、可能性を信じることができる。

ジム・マッケルビーとジャック・ドーシーの逸話に戻ろう。マッケルビーがｉＰｈｏｎｅをクレジットカード決済に活かす機会を見出したとき、ｉＰｈｏｎｅに電子ハードウェアを接続するために認められた唯一の方法は、アップル独自のドックコネクタを活用することだった。そのためにはアップルの技術仕様に従い、時間のかかる承認プロセスを経て、ロイヤリティを支払わなければならなかった。

しかしマッケルビーは〝ｓｈｏｕｌｄ〟の発想に縛られるよりも、当時は異端と思われた「代替策として、何の変哲もないヘッドフォン・ジャックを使って、リーダーを携帯電話に接続できないだろうか？」という問いに関心を寄せた。クレジットカードのデータを、ヘッドフォン・ジャックの出力として扱うことができれば、成功である！　スクエアはあらゆる種類の電話に対応するリーダーを製造でき、ロイヤリティの支払義務を負わないため、規模拡大やコスト削減の可能性と容易度が格段に高まるだろう。スクエアはこれを文字どおり実践し、アップルのドックコネクタの抜け道を世界で初めて見つけた。

非ディスラプティブか否かにかかわらず、ほぼすべての市場創造型イノベーションにおいては障害やハードルが避けられないが、特筆すべき点として、〝ｃｏｕｌｄ〟というマインドセットがあればそれらに遭遇しても、立ち直り、軌道を修正できる。なぜならこのマインドセットの下では、自身のアイデアが正しいかどうかに執着せず、機会の実現に集中するからである。このため、何かがうまくいかない場合、「次に行こう」と言って方向転換するのがはるかに容易になり、代わりに何をしようか思い描き、機会の実現に向けた具体的なアイデアや方法を試すという反復プロセスを、速やかに進めることができる。

プロディジー・ファイナンスの例を見てみよう。プロディジー・ファイナンスは、一流ＭＢＡ課程の修了者の給与、職種、キャリア実績に関する累積データをじかに収集し、それに基づいて、未来志向の強固なリスク・リターン評価モデルを構築した後、旧来型の銀行に赴いて海外留学生向け融資事業への資金提供を求めた。プロディジーの側は、この事業モデルが銀行に安心と、非ディスラプティブな新しい収益源をもたらすだろうと、期待していた。ところが目論見が外れ、理解は得られなかった。前章で詳しく説明したように、旧来の銀行は既存の前提や慣習に囚われて適切な判断ができなかったのである。そして２００８年に金融危機が起こり、プロディジーが銀行に寄せていた期待はすっかり砕け散った。プロディジーの面々は、金融業界が崩壊に瀕し、銀行から背を向けられる状況下、周囲から諭されても構想を諦めなかった。

むしろ、旧来型の銀行以外で資金を提供してくれそうな先を熱心に探す中で、クリエイティブな想像力に火がついた。そこで思い立ったのが、卒業生へのアプローチである。母校の卒業生の就職見通しや初任給、キャリア実績について、卒業生以上に知る人がいるだろうか？　卒業生なら投資に充てる資金を持ち、留学生がぶつかる資金面の課題を理解し、借り手の返済能力とモチベーションを信頼しているはずだ。こうしてプロディジーは卒業生に働きかけ、非ディスラプティブな創造を実現するための資金調達に漕ぎつけた。

次にプロディジーは、堅実な収益率と実質的にゼロの債務不履行率を背景に方向転換を図った。特別目的事業体（SPV）を活用して高等教育学生債を発行し、アイルランド証券取引所で極めて幅広い投資家層に販売したのである。するとほどなく銀行がこの債券の取り扱いを始めた。なぜなら、銀行の顧客である富裕層やファミリー・オフィスにとって、堅実な経済的リターンを得ながら好ましい社会的インパクトを生む手段だったからだ。

プロディジーは以後、一流校のMBA、法学、エンジニアリング、医学の学位取得を目指す人々にローンを提供するまでに拡大してきた。2022年の時点では、150カ国、850超の一流校で学ぶ約3万人の学生に15億ドル超を融資してきた。

あらゆるイノベーションに当てはまることだが、機会をものにするには、非ディスラプティブな創造をとおして支援したい相手（人や組織）とともにプロトタイプ・ソリューションの市場テストを迅速に行い、市場から率直なフィードバックを得る必要がある。ここでは「迅速に」という言葉が大きな意味を持つ。迅速さを心掛けることにより、財務リスクを低く抑えながら、反復的なフィードバック・ループを作り、何がうまくいき、何がうまくいかないかをリアルタイムで学べるのだ。「ｃｏｕｌｄ」のマインドセットが必要なのは、迅速に実験を行い、市場テストの反応に合わせてプロトタイプ・ソリューションを柔軟に調整したり、ピボットしたりして、図星を指すためである。（注3）

成功への自信とコンピテンス

以上3つの基本条件は全体として、非ディスラプティブな創造への旅を成功へと導くうえで必要な、コンピテンスと自信を与えてくれる。筆者らは、非ディスラプティブな創造を実現するための発想やアイデアが、内部のリソースやケイパビリティの制約のせいで日の目を見ずに終わる例にたびたび遭遇してきた。しかし、これまで説明してきたように、もしあなたがリソースフルでｃｏｕｌｄのマインドセットを持ち合わせているなら、たいていは、必要なリソース、スキル、ケイパビリティを確保するための創造的な方法を見つけることができる。あなたのコンピテンスは、手持ちのリソースやケイパビリティだけでなく、リソースフルネスやマインドセットにも由来するのだ。

コンピテンスに加えて、自信も同様に重要である。あなたが特定した非ディスラプティブな機会

図9-2　自信—コンピテンス・マップ

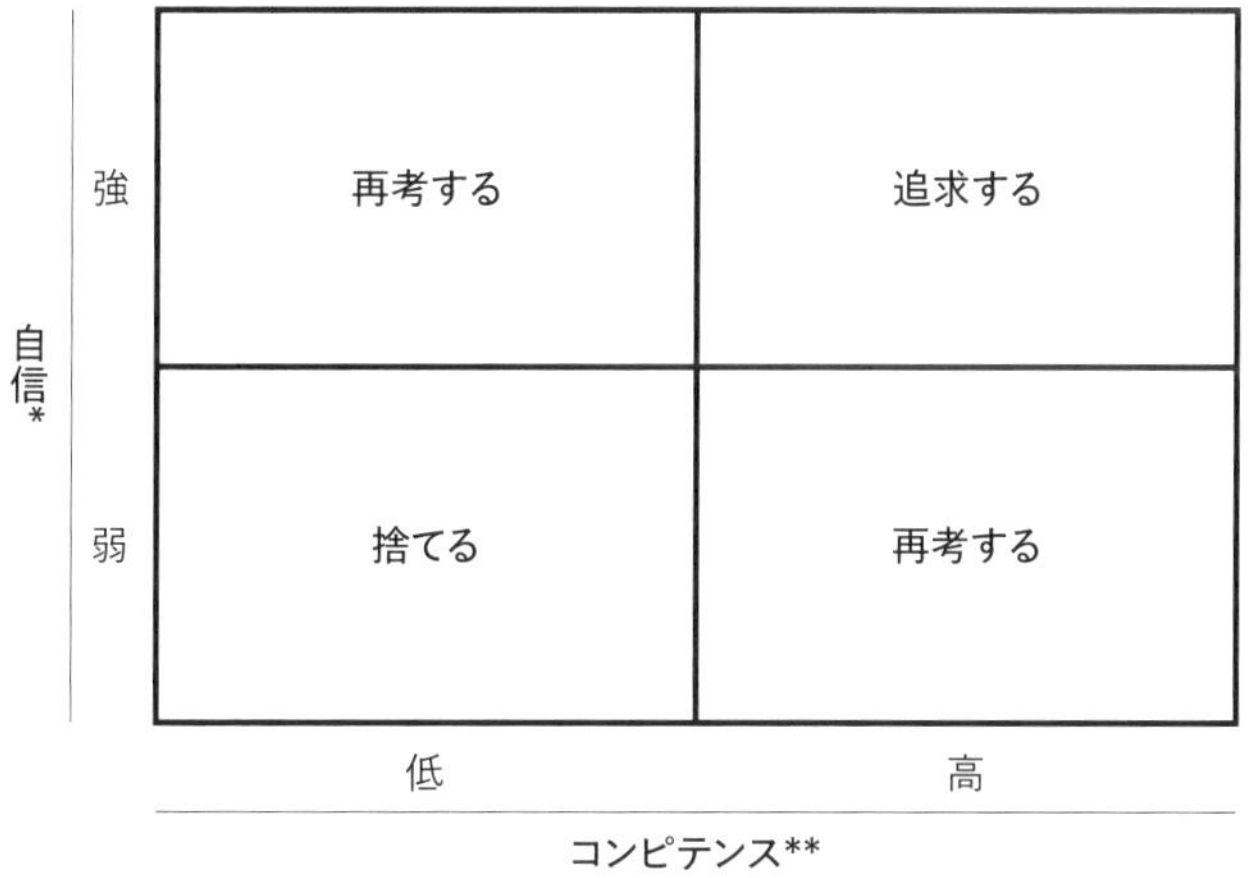

*アイデアをめぐる集団としての自信
**リソースフルネス、内部のケイパビリティ、“could” のマインドセット

とその実現に向けた具体案に、集団として強い自信を抱くなら、それは関係者が理屈の上でも心情的にも機会を信じ、実現に向けて立ち上がる意志を持つことを意味する。コンピテンスが行動への自信と結びつくと、非ディスラプティブな機会は実現へと近づいていく。どちらか一方が欠けるとリスクが増大するため望ましくない。

　そこでこの章の締めくくりとして、全体像をつかみ、正しい道筋を歩んでいるかを判断するための有用なフレームワークを紹介しよう。**図9-2**は、自信—コンピテンス・マップである。見てのとおり、このマップは4つの象限からなり、X軸がコンピテンスを、Y軸が集団の自信を表している。具体的なアイデアを、この図における「追求する」に到達するまで練り上げ、機会が首尾よく実現する可能性を高める必要がある。もしアイデアが、コンピテンスと集団の自信とも低く評価され、「捨てる」に入ってしまったら、新しいアイデアに乗り換える必要がある。これが起きるのは得てして、チームが市場や、あなたが特定した非ディスラプティブな機会の潜在的なインパクト、それを実現するために結集したアプローチやコンピテンシーを、十分に信頼していない場合である。ただし筆者らはしばしばこの最終段階において、非ディスラプティブな創造の実現に向けた具体的なアイデア作りが通常、2つある「再考する」のいずれかから始まる様子を目の当たりにした。

プロディジー・ファイナンスは、市場、非ディスラプティブな機会がもたらし得るインパクト、さらには機会を実現する方法について、集団として強い確信を持っていた。ところが、これまでも指摘してきたように、機会を実現するうえでは銀行とのあいだでコンピテンス絡みの問題にぶつかった。マップでは左上の「再考する」からスタートした。資金を集めるに当たり、銀行の説得から同窓生の取り込みへと構想を改め、グローバルな融資の仕組みを構築する過程で、「追求する」へと移動した。

対照的に、バイアグラを開発したファイザーのチームは、高いコンピテンスと、非ディスラプティブな機会を実現するうえで必要なあらゆるリソースとケイパビリティを備えていた。しかし、バイアグラを右下の「再考する」の象限（高いコンピテンス、弱い集団的自信）から「追求する」の象限に移動させるために、組織の集団的自信を強めなくてはならなかった。後にバイアグラとなるシルデナフィル（一般名）は、元来は降圧剤として開発されたことを思い起こしてほしい。治験での成績が芳しくなかったため、「失敗だ」という雰囲気が漂い、マネジメント層ひいては組織全体が不安に駆られて慎重になっていた。それでもバイアグラの開発チームは、インポテンツ試験を実施して有効性を証明することで、「薬の目的をＥＤ治療にうまく変更できる」という自信をマネジメント層全体にもたらした後、非ディスラプティブな機会を「追求する」象限へと首尾よく移行させた。

人生と同様にビジネスにおいても、一直線に成功へ到達することはあり得ない。しかし、だからといって成功の必然性が低いわけではない。つまり、プロディジー・ファイナンスやファイザーのように、自分たちの自信とコンピテンスの度合いを知り、アイデアと行動を再考することにより、「追求する」象限へと到達しなくてはならないのである。自信―コンピテンス・マップはその助けとなるはずだ。

最終章では、非ディスラプティブな創造の機が熟した領域をいくつか取り上げ、どうすれば素晴らしい未来をともに創造できるかを論じていく。

第 10 章

よりよい世界をともに築く

Build a Better World Together

インターネット接続とＷｉ－Ｆｉがあれば、あなたは手のひらの中、携帯電話の中に、スーパーコンピュータを持つも同然である。ブレイブやダックダックゴー、あるいはグーグルで検索するだけで、解決したい問題あるいは創造したい機会ほぼすべてに関連する知識や専門性が得られる。また何百万もの人々と同時につながったり、誰とでも単独でつながったりすることが、無償で実現する。今日では、スマートフォンとブロードバンド接続を携えたごく普通の人が、30年前の米国政府よりも高い情報力を有する。デジタルを背景としたこのパワーは、ひと握りのエリートだけのものではない。かつて富裕層と貧困層、都市部と農村部、先進国と後進国を隔てていたデジタルデバイドが縮小を続ける中、このパワーを持つ人々の数は増加の一途をたどっている。

ただし、想像力やデジタルに支えられた力によって最終的に何を達成できるかは、解決しようとする問題がどのようなものか、創出しようとする機会がどのような種類のものかにかかっている。非ディスラプティブな創造は、業界、企業、雇用を脇に追いやらずにイノベーションや成功を実現する道を、私たち全員に開いてくれる。その手段は、問題や機会が既存だが未到のものか、最近になって台頭しているものかにかかわらず、新たな問題を解決し、既存の業界の枠を超えてかつてない機会を創出することである。

非ディスラプティブな創造が遠からず実現しそうな分野を、いくつか考えてみよう。世界人口の高齢化、とりわけ先進国におけるシニア層の膨張が挙げられる。家族の絆が弱まり、人々の移動が容易になった状況下、家族同士の物理的距離が大きくなる一方であるため、シニア層は孤立を深め、心理的なつながりや身体的な触れ合いがない生活を送るようになっている。現代の暮らしに伴うこの厄介な現実は、シニア層の生活を物理的、精神的に豊かにする、非ディスラプティブな機会を引き寄せる。

同様に長寿化を受けて、健康で生き生きとした暮らしを保つためのパーソナル・ケアの分野で新たな需要が生じている。人々は解決の必要のある新たな健康上の課題を抱え、人生の新たな章を力強く開くために、これまでに蓄積してきた豊かな知恵の活用法を示してくれるプラットフォームを必要とする。そして、生命維持に欠かせない臓器の不全に直面するあらゆる年齢層の人々にとって、生物工学をもとに創造され十分な機能を備えた人体臓器は、非ディスラプティブな機会である。

デジタル技術が暮らしのあらゆる領域に浸透するにつれて、個人の自主性、これまで以上のプライバシー、広範な電子監視からの保護を求める声が、急速に高まりつつある。これらの問題は私たちの私的な考え、時間の神聖さ、反対意見を表明する権利をめぐって懸念を引き起こす。自由選挙に影響を及ぼすことを狙った個人データの共有（または秘匿）、政治的・イデオロギー的な動機によるオンライン・ニュースやイベントの検閲、信頼の喪失とそれに伴うコストのような、最近の深刻な問題への解決策が求められる。新たに持ち上がりつつあるこれら問題の解決に向けた努力は、非ディスラプティブな創造の大波を生み出す可能性がある。

世界のエネルギー需要は、2030年には2016年比で50%増となる見通しである。そのうえガソリン自動車から電気自動車への移行が進むにつれて、電力需要の爆発的な増大が予想される。そのエネルギーはどこから来るのだろうか。また、電力需要の増大に世界はどう対応していくのだろうか。風力や太陽光といった新たなエネルギー源の活用は進んでいるが、現状のエネルギー供給量と将来のニーズとのあいだには大きな隔たりがあるため、信頼性が高く安価でクリーンな新エネルギーの非ディスラプティブな創造と、低コストの従来型エネルギー源の炭素回収には大きな機会がある。

さらに発展途上国では急激な都市化が進行している。農村部から人口密度の高い都市部への移住が、凄まじい規模の社会的・経済的機会を生み出す半面、インフラ、身体の安全、健康、地域社会におけるウェルビーイング、貧困、資源に関する未曾有の問題を引き起こしている。アフリカ大陸だけでも、今後30年間に8億人が都市部に移住すると予想される。これら前例のない課題が持ち上がっている領域では、非ディスラプティブな創造の機が熟している。

加えて、環境関連の新たな重要課題についても考える必要がある。たとえば廃棄物の増加は、フランスの3倍の広さに1兆個超のプラスチック片が密集する「太平洋ゴミベルト」のような環境保護上の厄介を引き起こし、海洋生物の安全と健康を脅かし、食物連鎖にダメージを与え、海の聖なる美しさを台無しにしている。このような問題は、私たち自身と子供たちのためのより持続可能な世界の創造に向けた、非ディスラプティブな機会の数々をもたらす。
地球と大気圏を越えて宇宙に目を向ければ、数々の非ディスラプティブな機会を思い描ける。小惑星の鉱物資源の採掘から、宇宙旅行、ひいては宇宙観光といった分野の開拓。さらにはイーロン・マスクが、人類が複数の惑星に散らばって宇宙での居場所を探るなど、数々のまったく新しい機会の創造を目指す。宇宙には他の生物種が存在するのだろうか。どうすればそこへたどり着けるのだろう。今日マスクとスペースXはこの非ディスラプティブな機会の実現に熱心に取り組んでおり、火星で自給自足型のコミュニティを築くという目標を掲げている。これが実現すれば、今日では想像もつかない非ディスラプティブな機会の数々が生まれるだろう。

世界は私たちが創るものである。肝心な問いは、「問題は解決されるのか、あるいはこれらの機会は創出されるのか？」ではない。「誰が未来の扉を開き、それをビジネスと社会の成長と繁栄を生み出す非ディスラプティブな方法で実現するのか？」である。本書では、非ディスラプティブな市場創造型イノベーションを幅広く紹介してきた。なぜなら、ディスラプティブな創造がこれまでも、そしてこれからも重要であるのと同様に、「非ディスラプティブな創造」を明確に認識し、名づけ、実現のきっかけをもたらすような、イノベーションと成長を俯瞰した見方が必要な時期が訪れていることを、強調したいからである。

国内経済とグローバル経済全体が成長を渇望し、激変するテクノロジーが既存の主要プレーヤーや主要市場、そして既存の雇用の多くを排除しようとする状況の下、非ディスラプティブな創造は多少なりとも均衡を保ち、社会を安定させる経済的要因になり得ると、筆者らは信じている。地球と人類が直面するさまざまな課題を考えると、市場創造型の革新的な解決策が必要となるだろう。ディスラプティブな解決策だけでなく、非ディスラプティブな解決策も存在し得るなら、ビジネスと社会の隔たりを埋め、人々を分断するのではなくひとつにまとめるチャンスが広がるだろう。筆者らが提供するのは完璧な方程式ではなく、新たな対話のきっかけであり、非ディスラプティブな機会を特定し、解き放ち、実現する助けとなる、研究により判明した基本パターンである。

ジョン・F・ケネディ大統領は、人類を月へと送り無事に地球へ帰還させるロケットの製造を目指したとき、非ディスラプティブな創造へと米国を駆り立てていた。この挑戦は、国民を鼓舞し、科学分野における米国のリーダーシップを世界に知らしめる、まったく新しい機会を創造するだろう——。多くの人々は、この挑戦は夢物語と大差なく、創造・獲得できる現実的な機会ではないと考えた。NASAを代表する技術者のひとりヴェルナー・フォン・ブラウンは、この非ディスラプティブな機会を創造してつかみ取るには何が必要かと問われ、「実現への意志です」（The will to do it）という、5つの単語からなる印象深い言葉を口にした。(注1)

不可能に思えたことが、意志と努力によって可能になったのだ。1969年7月20日、非ディスラプティブな創造の賜物アポロ11号が人類を月面に着陸させた。その規模とインパクトは歴史に残るものであり、「人類の大いなる飛躍」と認識されている。本書の冒頭で紹介したミュージック：ノット・インポッシブル（Ｍ：ＮＩ）や本書で取り上げてきた他のすべての非ディスラプティブな創造は、規模やインパクトは異なるものの、アポロ11号と同じように、何が可能であるかをめぐる私たちの先入観に挑戦した。

非ディスラプティブな創造は、ただ頭で理解するにとどめる必要はない。実現への意志と本書で紹介してきたガイダンスやフレームワークがあれば、より体系的な取り組みを経て現実になり得る。そうすれば、社会にディスラプティブな結果をもたらさずに事業成長を実現できる、よりよい世界への一歩を踏み出すことができる。このような願いを込めて、筆者らは本書を執筆した。

謝辞

17世紀の英国の著述家ジョン・ダンはこう記している。「人は誰しも、ひとつの島ではない。誰もが大陸の一部、主要部の一角をなすのである」。誰しも自給自足はできず、他者に依存している。言うまでもなく、筆者らが本書を世に出すに当たっても同様のことが当てはまる。

筆者らは学術活動の拠点であるＩＮＳＥＡＤから一貫して、本書を執筆するためのユニークで刺激的な環境の提供を受けてきた。教授陣、学生、エグゼクティブ講座の参加者が実に国際色豊かであるのに加えて、理論と実務の相互作用からも大きな恩恵を得てきた。イリアン・ミホフ学部長とピーター・ゼムスキー副学長は、尽きることのない励ましと組織的な支援を与えてくださっている。リリー・ファン研究部長もまた、多大な激励と支援を与えてくださっている。学部長のハビエル・ギメノ、学位プログラム部長のウルス・パイヤーの支援にも感謝する。フランク・ブラウン前学部長にも、研究への絶え間ない支援に感謝したい。

ＩＮＳＥＡＤブルー・オーシャン戦略研究所（ＩＢＯＳＩ）の卓越したエグゼクティブ・フェローとリサーチャー陣に厚い感謝を。長年にわたり、非常に優秀なリサーチャー陣の助けを借りてきたが、とりわけ何年にもわたって専任のエグゼクティブ・フェローを務めるミ・ジ、オ・ヨンク、マイケル・オレニック、そしてメラニー・ピピーノ。彼らの献身的な努力、完璧さの追求、ケーススタディを含む粘り強い研究サポートは本書の完成に不可欠であった。

すでに名前を挙げた以外にも、特筆すべきリサーチャーたちがいる。非営利のブルー・オーシャン・ハイスクール・コンペティションの現エグゼクティブ・ディレクター、ズナイラ・ムニールである。なお、ブルー・オーシャン・ハイスクール・コンペティションは、今では高校生のための世界最大のバーチャル・ピッチ・コンペティションとなっており、100カ国超から生徒が集まり、いまなお規模が拡大している。IBOSIコーディネーターのレイチェル・オウハシャンにも感謝を捧げる。

筆者らの研究を励まし信頼を寄せてくださったMITスローン・スクール・オブ・マネジメントの上級副学長ジェイク・コーエン、そして、長年にわたって研究の旅に快く時間を割いてくださったすべてのエグゼクティブにひときわ厚い感謝を。ディスラプションを超越して非ディスラプティブな創造と成長を実現し、筆者らの研究対象となったすべての組織、さらには世界中の数々の経営者や学生にも感謝する。彼らの挑戦的な質問や思慮深いフィードバックのお陰で筆者らのアイデアが研ぎ澄まされ、より充実したものとなった。

研究の旅のさまざまな局面で幾多の人々に支えていただき、その全員に感謝の念を抱いている。

中でも、胸に深く刻まれ、特筆に値する人がいる。ブルー・オーシャン・グローバル・ネットワークのグローバル・メディア＆リレーションズ担当ディレクター、カシア・ドゥダだ。カシアの揺るぎないコミットメント、卓越性への献身、そしてそのスタミナと深い思いやりは、私たちの心を揺さぶり、鼓舞し、ここ数年のあいだ旅の支えとなっている。ありがとう、キャプテン。あなたがいてくれて本当によかった。

ブルー・オーシャン・グローバル・ネットワークを率いるロバート・ボンにも格別の謝意を。ボン博士、長年の助言とサポート、そして友情が胸に染みる。

本書の執筆に当たっては、原稿に目をとおしてくださったハーバード・ビジネス・レビュー・プレス（ＨＢＲＰ）の諸氏による鋭いコメントからも、大きな恩恵を受けてきた。トーマス・ウェデル＝ウェデルスボルグ他３人の方々である。思慮深いコメントとフィードバックの恩恵により、本書の充実度が増した。ここに感謝したい。

最後に、長年お世話になったＨＢＲＰの編集者メリンダ・メリノには、筆者らのアイデアを強く信奉してくれたことに対してひときわ大きな感謝を捧げたい。そして、『ハーバード・ビジネス・レビュー』編集部全員に謝意を伝えたい。特に編集長アディ・イグナティウスと全編集委員の力強いサポートと励まし、思慮深いコメント、また、筆者らが原稿執筆に苦闘している間、寛大さと忍耐を発揮して付き合いくださったことに、ひときわ感謝したい。ＨＢＲＰのマーサ・スポルディングとジェン・ワーリングには、見事な校閲作業についてのお礼を述べたい。
全員に感謝している。

10 この点については、Surowiecki, *The Wisdom of Crowds*の他にも、S. A. Hewlett, M. Marshall, and L. Sherbin, "How Diversity Can Drive Innovation," *Harvard Business Review*, December 2013, 30.（邦訳「多様性が生み出すイノベーション」『DIAMONDハーバード・ビジネス・レビュー』2014年5月号）を参照。

11 筆者らによる調査インタビュー。

第7章

1 以下のケーススタディのために実施した調査インタビュー：W. Chan Kim, Renée Mauborgne, and Mi Ji, "Fintech: Innovation Without Disruption：How Prodigy Finance Achieved High Growth and Social Good," Case 6523, Fountainebleu, France: INSEAD, 2019. 2020 EFMD Award for Best Finance and Banking Case 受賞。

2 筆者らによる調査インタビュー。

第8章

1 以下のケーススタディのために実施した調査インタビュー：Kim, Mauborgne, and Ji, "Fintech: Innovation without Disruption：How Prodigy Finance Achieved High Growth and Social Good."

2 Michael Davis, *Street Gang：The Complete History of Sesame Street*, New York: Penguin Books, 2009, 109.を参照。

第9章

1 McKelvey, *The Innovation Stack*を参照。本書にはこの件が極めて子細に記されており、スクエア・リーダーを創造、実現する過程において、ジャック・ドーシーとともにリソースフルネスのさまざまな要素を巧みに利活用する様子が非常に克明に描かれている。

2 McKelvey, *The Innovation Stack*.

3 ラピッド・プロトタイピングと市場テストに関する有用な資料としては、特にEric Ries, *The Lean Startup: How Today's Entrepreneurs Use Continuous Innovation to Create Radically Successful Businesses*, New York: Currency, 2011.（邦訳『リーン・スタートアップ』日経BP社、2012年）、および、Steve Blank, *The Four Steps to the Epiphany: Successful Strategies for Products That Win*, New York: Wiley, 2020.（邦訳『アントレプレナーの教科書』翔泳社、2009年。新装版2016年）を参照。

第10章

1 "Science: The Will to Do It," *Time*, June 27, 1977, https://content.time.com/time/subscriber/article/0,33009,915108-1,00.html.を参照。

論考においてソローは、技術的成長がイノベーションと長期的な経済成長のカギであることを示した。

3 シュンペーターは、とりわけ起業家をイノベーションの英雄であり担い手だと位置づけた。この考えを述べた初期の論考としては、Joseph Schumpeter, *Theory of Economic Development*, New York: Routledge, 2021; first published 1911. を参照。

4 この考え方の概念的な枠組みや議論については、W. Chan Kim and Renée Mauborgne, "How Strategy Shapes Structure," *Harvard Business Review*, September 2009, 72-80.（邦訳「ブルー・オーシャン戦略が産業構造を変える」『DIAMONDハーバード・ビジネス・レビュー』2010年1月号）を参照。

5 バリュー・イノベーションの理論は、新規市場創造の文脈で紹介され、議論の対象となった。この理論は、あらゆる形態の市場創造型イノベーション、非ディスラプティブな創造、ブルー・オーシャン戦略、ディスラプションに当てはまる。この理論の概念的土台と詳細な議論については、W. Chan Kim and Renée Mauborgne, "Strategy, Value Innovation, and the Knowledge Economy," *MIT Sloan Management Review* 40, no. 3 (April 1999)：41-54.を参照のこと。また、より実践的な意味合いについては、W. Chan Kim and Renée Mauborgne, "Value Innovation: The Strategic Logic of High Growth," *Harvard Business Review*, January- February 1997, 102-112.（邦訳「バリュー・イノベーション：連続的価値創造の戦略」『DIAMONDハーバード・ビジネス』1997年7-8月号）も参照されたい。

6 特に、Solow, "A Contribution to the Theory of Economic Growth." を参照。併せて、Paul Romer, "Endogenous Technological Change," *Journal of Political Economy* 98, no. 5 (October 1990)：S71- S102.も参照。

7 たとえば、Sarv Devaraj and Rajiv Kohli, "Performance Impacts of Information Technology：Is Actual Usage the Missing Link?" *Management Science* 49, no. 3 (March 2003)：273-289. および、Rajiv Sabherwal and Anand Jeyaraj, "Information Technology Impacts on Firm Performance：An Extension of Kohil and Devaraj (2003)," *MIS Quarterly* 39, no. 4 (December 2015): 809-836.を参照。

8 3Mの実験に基づく研究により、従来型の手法を土台とする生産者イノベーションと比較して、最先端のユーザーや実務家によって生み出されたイノベーションは、前例のない問題や機会に対処するうえで格段に効果が高いことが示された。3Mのこの実験は以下の文献で紹介されている。Gary L. Lilien et al., "Performance Assessment of the Lead User Idea Generation Process," *Management Science* 48, no. 8 (August 2002)：1042-1059.

9 James Surowiecki, *The Wisdom of Crowds：Why the Many Are Smarter Than the Few and How Collective Wisdom Shapes Business, Economies, Societies, and Nations*, New York: Doubleday & Co., 2004.（邦訳『「みんなの意見」は案外正しい』角川書店、2006年）を参照のこと。また、Tom Kelley and David Kelley, *Creative Confidence: Unleashing the Creative Potential Within Us All* , New York: Currency, 2013.（邦訳『クリエイティブ・マインドセット』日経BP、2014年）も参照。

や、カントリー、クラシック、ポップスのスタイルを組み合わせた短い楽曲を生成できる同じくオープンAIの「MuseNet」がある。クリエイティブな領域においては、AIの能力は分野を問わずおおむね着実に、しかも驚異的なスピードで向上を遂げつつある。

10 特に、Martin Ford, *Rise of the Robots: Technology and the Threat of a Jobless Future*, New York: Basic Books, 2015.を参照。

11 ダニエル・サスキンドの著書*A World Without Work: Technology, Automation, and How We Should Respond*, New York: Metropolitan Books, 2020.（邦訳『WORLD WITHOUT WORK：AI時代の新「大きな政府」論』みすず書房、2022年）を参照。

12 本章で前述したように、アップスキリングとリスキリング、離職者への金銭支援、人的資本への投資に対する税制優遇、脆弱な地域経済とコミュニティへの支援など、パズルを解くには他にも多くのピースが不可欠だろう。

第5章

1 非ディスラプティブな創造は市場創造型イノベーションの一形態ではあるが、この2つは同等ではない。成長モデルが示すように、市場創造型イノベーションははるかに広範な概念であり、ディスラプティブな創造と非ディスラプティブな創造を両極として新市場のイノベーションのあらゆる形態を包含する。

2 Kim and Mauborgne, *Blue Ocean Strategy* および*Blue Ocean Shift*を参照。

3 テクノロジーの影響により、人々が多数のデバイスでメディアを消費するようになったため、テレビの視聴率は全体として長期低落傾向にある。ただし、スポーツは従来型テレビ放送の「救世主」であり、ゴールデンタイムのテレビ番組の中でも極めて高い視聴率を保っている。この状況はeスポーツの出現によっても変わっておらず、ディスラプトもされていない。2019年から2020年にかけて米国で最も視聴されたテレビ番組は、NBCの『NFLサンデーナイトフットボール』であり、同時期にNBAファイナルは米国で平均750万人に視聴された（Christina Gough, “Sports on US Statistics & Facts,” Statista.com, May 10, 2021）。また、『サンデー・ナイト・フットボール』（NBC）と『サーズデー・ナイト・フットボール』（FOX）は、2020～2021年シーズンの米国においてテレビ広告料が最も高額な番組であった。これらの番組中の30秒スポット広告の価格は、それぞれ78万3700ドルと62万4600ドルであった（A. Guttmann, “Priciest Shows for Advertisers on Broadcast TV in the U.S. 2020/21,” Statista .com, June 2, 2022）。

第6章

1 この考え方のルーツは、ジョー・ベインによるSCP理論にまで遡ることができる。Joe S. Bain, ed., *Industrial Organization*, New York: Wiley, 1959. を参照。

2 この視点の源流は、主としてロバート・ソローの成長理論に遡ることができる。この理論をめぐるソローの初期の議論については、“A Contribution to the Theory of Economic Growth,” *Quarterly Journal of Economics* 70, no.1 (February 1956):65-94.を参照。この

と着実に、そして顕著に移行してきた。たとえば2019年、米国のビジネス・ラウンドテーブルは、すべてのステークホルダーに付加価値をもたらすというコミットメントを支持する声明を発表した。この声明には250社を超える米国の超有力企業のCEOが署名しており、ビジネスで重要なのは利益だけではないと示唆している。ステークホルダー至上主義への潮流は、その押しつけがましさへの反発を招きながらも世界中で強まってきたが、ステークホルダーへの関心は最近だけの傾向ではない。たとえば、全体の福利を長期的な視点で考えることによってこそ、利益は最もよく守られると説いたAdolf Berle and Gardiner Means, *The Modern Corporation and Private Property*, New York: Harcourt, Brace, and World Inc., 1932. を参照。また、ジョセフ・スティグリッツとサンフォード・グロスマンは初期の著作において、株主資本主義が長期的に社会厚生を最大化しなかったことを示し、ステークホルダーの関心事により重点を置く必要性を示唆した。Sanford Grossman and Joseph Stiglitz, "On the Impossibility of Informationally Efficient Markets," *American Economic Review* 70, no. 3 (1980): 393-408. より最近では、マイケル・ポーターとマーク・クラマーなどが、ビジネスと社会がよりよく連携する必要性を掘り下げている。Michael Porter and Mark Kramer, "Creating Shared Value," *Harvard Business Review*, January- February 2011.（邦訳「共通価値の戦略」『DIAMONDハーバード・ビジネス・レビュー』2011年6月号）。ステークホルダー資本主義へと移行する必要性を重んじるKlaus Schwab and Peter Vanham, *Stakeholder Capitalism：A Global Economy That Works for Progress, People and Planet*, New York: Wiley, 2021. も参照。

3 "How Robots Change the World," *Oxford Economics*, June 2019, https://www.oxfordeconomics.com/resource/how-robots-change-the-world/.

4 Mark Muro, Robert Maxim, and Jacob Whiton, "Automation and Artificial Intelligence：How Machines Are Affecting People and Places," *Brookings Institution*, January 24, 2019.を参照。

5 "The Stockmarket Is Now Run by Computers, Algorithms, and Passive Managers," *Economist*, October 5, 2019.を参照。

6 Carl Benedikt Frey and Michael A. Osborne, "The Future of Employment: How Susceptible Are Jobs to Computerization?" *University of Oxford*, September 17, 2013.を参照。

7 D. Ardila et al.,"End-to-End Lung Cancer Screening with Three-Dimensional Deep Learning on Low Dose Chest Computed Tomography," *Nature Medicine* 25 (2019). 954-961を参照。

8 Scott McKinney et al., "International Evaluation of an AI System for Breast Cancer Screening," *Nature* 577 (2022): 89-94.を参照。

9 たとえばオープンAIのDAL-E2、およびミッドジャーニー、ステーブル・ディフュージョンはいずれも、自然言語による記述をもとに独創的な画像や美しいアートを作成する。3つとも、シンプルで抽象的なテキスト記述に基づいて見事なビジュアライゼーションを作成できる。オープンAIのチャットGPTはクエリに答えるだけでなく、すでにエッセイや物語、さらには詩さえも作成できる。音楽に関しては、たとえば幅広い音楽を生成するオープンAIの「Jukebox」

では、既存企業は既存の製品や事業とそれに付随する利益をカニバライズ(共食い)し、ひいてはそれらに取って代わってしまうような新製品やイノベーションの導入に消極的だとされる。というのも、新しいものから潜在的な利益を得るには、すでに認識されている利益を失うことを覚悟しなくてはならないため、既存事業をディスラプトしようという意思がくじかれるのだ。

4 特に、マイケル・タッシュマンとフィル・アンダーソンの優れた研究を参照。彼らの研究によると、イノベーションが自社のコンピテンスを台無しにするような場合、企業にとってそのようなイノベーションを受け入れるハードルは高くなる。Michael Tushman and Philip Anderson, "Technological Discontinuities and Organizational Environments," *Administrative Science Quarterly* 31, no. 3 (1986): 439-465.

5 ガンスは、ディスラプションをマネジメントする4つの方法について優れた概説と評価を行い、おのおのが二律背反を伴い、より効果的なものはコストも高くなると指摘している。Gans, *The Disruption Dilemma* を参照。

6「置換効果」(本章の注3を参照)は、既存企業がディスラプティブな脅威に対応したり、「他からディスラプトされる前に自社の事業をディスラプト」したりするのを阻害する要因となる。ただし非ディスラプティブな創造は、既存企業が既存事業とそれに伴う利益や成長を台無しにすることを当てにしないため、これは非ディスラプティブな創造には当てはまらない。

7 ここでの筆者らの主張は、ディスラプティブか非ディスラプティブかを問わず規制当局による一般的な審査や措置が適用され、特定の産業領域においてはそれがより大がかりなものになるだろう、ということである。ただし一般には、非ディスラプティブな創造は規制当局の難色や外部のステークホルダーによる抵抗に直面する可能性は低いだろう。なぜなら、既存の市場とそれに関連する企業や雇用を排除するわけではないからだ。

8 組織が現在の利益と将来の成長を確保するために事業ポートフォリオをマネジメントする際、非ディスラプティブな創造とディスラプティブな創造は、それを達成するための補完的なアプローチとしての役割を果たす。組織はどちらか一方に色分けされるわけではない。たとえば同一企業内でも、ある事業においてはディスラプティブな創造を、別の事業においては非ディスラプティブな創造をそれぞれ追求して、大きな成果を上げることができる。具体的には、スペースXは再利用可能なロケットや計画中の完全再利用可能な宇宙船といったディスラプティブな創造だけでなく、商業宇宙旅行や火星でのコミュニティ構築、惑星間存在の創造といった非ディスラプティブな創造も追求している。

第4章

1 ミルトン・フリードマンが『ニューヨーク・タイムズ』紙に寄稿した、自身の核心的主張を概説した影響力のある記事を参照。Milton Friedman, "A Friedman Doctrine—The Social Responsibility of Business Is to Increase Its Profits," *New York Times*, September 13, 1970, https://www.nytimes.com/1970/09/13/archives/a-friedman-doctrine-the-social-responsibility-of-business-is-to.html.

2 批判がないわけではないが、資本主義のモデルは株主中心からステークホルダー中心へは非ディスラプティブな創造まで、あらゆるものを実現する助けとなる。顧客体験を大幅に向上させ、ひいては買い手が現在使っている製品を「解雇」し、あなたの製品を「採用」するようにすることもできる。従って、ジョブ理論は重要ではあるが、非ディスラプティブな創造と混同すべきではなく、同じものでもない。Clayton M. Christensen et al., "Know Your Customers' 'Jobs to Be Done'," *Harvard Business Review*, September 2016. (邦訳「Jobs to Be Done：顧客のニーズを見極めよ」『DIAMONDハーバード・ビジネス・レビュー』2017年3月号)を参照。

第2章

1 ディスラプションが既存市場のハイエンドとローエンドの両方から、また、経営資源の乏しい小規模企業と資金力のある既存企業の両方から起きることを立証した最近の研究については、第1章の注12を参照。

2 バックミンスター・フラーは、宇宙とその内部におけるダイナミックな相互関係を、物質的存在を構成するあらゆる物理的システムを説明するものと見なした。蜜を集めるミツバチが意図せずに花粉を集めて、受粉のより幅広い影響を引き起こすという、受粉のシステムを研究したフラーは、あるエージェントが意図せずに行動した結果、ユニバース内のノード同士がつながるという、「歳差効果」(副次効果)を提唱した。Buckminster Fuller, *Synergetics 2*, New York: MacMillan, 1979.を参照。

3 ディスラプションは一般に、パニックや恐怖の感覚を植えつけることと関係づけられる。たとえば、ジョシュア・ガンスはその優れた著書*The Disruption Dilemma*において「(ディスラプションに類する)ドットコム・バブルの崩壊や9.11以降、世界のマネジャーたちは恐怖のメッセージへの受容性を高めた」と考察している。同様に、ハーバード大学教授で歴史家のジル・ルポアは、ディスラプションは「大きな不安に根差している」と指摘する。Jill Lepore, "The Disruption Machine: What the Gospel of Innovation Gets Wrong," *New Yorker*, June 23, 2014. ディスラプションの恐怖をめぐっては他にも数々の文献があるが、中でもPaul Leinwand and Cesare Mainardi, "The Fear of Disruption Can Be More Damaging Than Actual Disruption," *Strategy + Business*, September 2017.を参照。

第3章

1 ジム・マッケルビーの論文 "Good Entrepreneurs Don't Set Out to Disrupt," HBR.org, May 8, 2020.を参照。また、スクエアの創業ストーリーを掘り下げた同氏の優れた著書*The Innovation Stack*, New York: Portfolio/Penguin, 2020. も参照。

2 第2章で論じたように、ディスラプションが既存市場のハイエンドとローエンドどちらから起きようと、共通の成功要因は、既存の製品やサービスと比べて格段に大きな消費者余剰をもたらすことである。

3 これは、正式には「置換効果」と呼ばれ、ケネス・アローが影響力のある著作*The Rate and Direction of Inventive Activity*, ed. R Nelson, Princeton, NJ: Princeton University Press, 1962. で掘り下げたイノベーションの経済分析の土台をなすものである。この理論

Simon & Schuster, 2016.（『なぜ「あれ」は流行るのか?』日本経済新聞出版社、2013年）を参照。

20 John Hicks, "The Scope and Status of Welfare Economics," *Oxford Economic Papers*, new series, 27, November 3, 1975, 307-326.を参照。

21 Paul Romer, "Increasing Returns and Long-Run Growth," *Journal of Political Economy* 94, no. 5 (October 1986): 1002–1037.を参照。またPaul Romer, "The Origins of Endogenous Growth," *Journal of Economic Perspectives* 8, no. 1 (1994): 3–22.を参照。

22 イノベーションという用語を最大限に広く捉えると、すべての新しいものないし独創的なものを指すことができるが、これまでの議論から明らかなように、ここで筆者らが焦点を当てているのは、新たな成長の原動力としての市場創造を可能にするイノベーションである。

23 W. Chan Kim and Renée Mauborgne, *Blue Ocean Strategy：How to Create Uncontested Market Space and Make the Competition Irrelevant*, Boston：Harvard Business Review Press, 2005; Expanded Edition, 2015.（邦訳『ブルー・オーシャン戦略』ランダムハウス講談社、2005年。新版、ダイヤモンド社、2015年）を参照。

24 Kim and Mauborgne, *Blue Ocean Shift*を参照。

25 シュンペーターが経済成長における創造的破壊の重要性に焦点を当てたのに対して、クリステンセンの焦点は、既存企業が油断した（あるいは脅威に対応しなかった）せいで失敗した組織上の理由に置かれた。クリステンセンは2015年のスティーブ・デニングとのインタビューで、「ディスラプションは競争対応にまつわる概念であり、成長の理論ではない」と述べている。Steve Denning, "Fresh Insights from Clayton Christensen on Disruptive Innovation," *Forbes*, December 2, 2015.を参照。

26 無消費（nonconsumption）の概念を非ディスラプティブな創造の概念と混同してはならない。ディスクドライブ業界の例で示されているように、破壊的イノベーション理論において、業界リーダーから見過ごされ開拓されずにいるローエンドの周縁市場という文脈で無消費という用語が使われる場合、これはローエンドのディスラプターが参入する足掛かりであり、ディスラプターが業界を支配するにつれて最終的に業界リーダーを破綻へと導くものだと見なされる。クリステンセン著の*The Innovator's Dilemma*を参照。筆者らの用語では、これはローエンドからのディスラプティブな創造に当たる。他方、貧困層向けの市場ソリューションが存在しないフロンティア市場の文脈で用いられる場合、この理論は無消費の状態を、まったく新しい市場を創造する機会と見なす。Christensen, Ojomo, and Dillon, *The Prosperity Paradox*を参照。筆者らなりに表現するなら、これは特定の地域における非ディスラプティブな創造に該当する。「無消費」は文脈しだいでディスラプティブな創造、ブルー・オーシャン、あるいは非ディスラプティブな創造の潜在的な市場基盤となり得る。具体的には、無消費が既存業界の境界内で起きている場合はディスラプティブな創造の潜在的な市場基盤となり、既存業界の境界外で起きている場合は非ディスラプティブな創造の基盤となる。ちなみにこれと関連するジョブ理論については、非ディスラプティブな創造を引き起こすツールと見なすべきではない。ジョブ理論は無消費のように、どこでどのように適用するかという文脈しだいで、ディスラプティブな創造からブルー・オーシャン戦略、さらに

の侵食であり、ハイエンドへの侵食は現在の市場に「即時に甚大な」影響を与えるという。Glen Schmidt and Cheryl Druehl, "When Is a Disruptive Innovation Disruptive?" *Journal of Product Innovation Management* 25, no. 4 (2008): 347-369. を参照。同様にスードとテリスは、ディスラプションがローエンド付近への攻撃だけでなく、優れた製品や主流の製品をまず狙うハイエンド付近への攻撃からも起き得るため、主流市場のディスラプションがローエンドや劣悪な製品領域への侵食にとどまらないことを示している。A. Sood and G. Tellis, "Demystifying Disruption：A New Model for Understanding and Predicting Disruptive Technologies," *Marketing Science* 30, no.2(2011): 339-354. を参照。ジョシュア・ガンスもまた、iPhoneが携帯電話業界をハイエンドからディスラプトし、ディスラプションの原因がクリステンセンによる定義にあるようなローエンドや土台のディスラプションに限定されないことを詳しく説明している。Joshua Gans, *The Disruption Dilemma*, Cambridge, MA: MIT Press, 2017. を参照。より最近ではミュラーが、ディスラプション理論が一般化するためには、ハイエンドのディスラプションをビジネスで現実に起きるものとして受け入れる必要があると提唱している。Eitan Muller, "Delimiting Disruption：Why Uber Is Disruptive, but Airbnb Is Not," *International Journal of Research in Marketing* 37, no.1 (2019). これらの研究はまた、ディスラプションはリソースの少ない小規模企業が起こすとは限らず、資金力のある既存企業が仕掛ける場合もあることを示している。

13 クリステンセンの*The Innovator's Dilemma*を参照。

14 ジョセフ・シュンペーターの古典的名著*Capitalism, Socialism, and Democracy*, New York: Harper and Brothers,1942.（邦訳『資本主義・社会主義・民主主義』東洋経済新報社、1995年）を参照。

15 Kim and Mauborgne, "Nondisruptive Creation"を参照。これに関連して、ジョシュア・ガンスはディスラプションにまつわる文献のレビューの中で、シュンペーターの創造的破壊をディスラプションの概念的起源として挙げている。ガンスの*The Disruption Dilemma*を参照。

16 ディスラプティブな創造は非ディスラプティブな創造と同様に、企業そのものではなく市場との関連で定義される。

17 ここでのディスラプティブな創造の定義は、シュンペーターの創造的破壊の概念に沿ったものであり、「経済構造を内側から絶えず変革し、古いものを絶えず壊し、新しいものを絶えず創造する」。シュンペーターの*Capitalism, Socialism, and Democracy*, 83.を参照。

18 ディスラプションに関する研究は、ディスラプションがなぜ、どのようにして起きるのか、ディスラプティブな脅威にどのように対応すればよいのか、さらにはディスラプティブ・マインドセットに至るまで、さまざまなテーマを扱ってきた。しかし、ディスラプションがもたらす負の社会的外部性については、ほとんど注目してこなかった。シュンペーターは創造的破壊の社会福祉への影響を認識していたが、経済学者としての氏の研究の焦点は、むしろ経済発展と成長への長期的な影響にあった。ただしビジネスの観点からは、こうした社会的コストは、企業が現在および将来においてビジネスと社会を調和させるうえで重要な意味合いを持つ。

19 ジョナ・バーガーの非常に興味深い著書*Contagious: Why Things Catch On*, New York:

7 すでに述べたように、科学的発明やテクノロジー主導のイノベーションは非ディスラプティブな創造を起こすことができるが、自律走行車vs一般の自動車や、ほとんどの治療に用いるアセトアミノフェンやイブプロフェンvsアスピリンの科学的発明のように、ディスラプションをもたらす可能性もある。これらは非ディスラプティブな創造と混同されるべきではないし、互換性もない。

8 同じことはバイアグラ、男性用化粧品、3Mのポスト・イット・ノート、携帯電話のアクセサリー、ライフコーチング、ペットのハロウィーン・コスチュームなどにも当てはまる。

9 C.K.プラハラードは影響力のある著書『ネクスト・マーケット』において、どうすれば世界で数十億人に上る最貧困層からなる新たな市場を構築し、そこから利益を得ると同時に、貧困の緩和にも貢献できるかを説いている。プラハラードの著書が非ディスラプティブな創造に関するものではないのは明白だが、本書で例示されている新市場のいくつかは偶然にも既存業界の外側に創造されたため、非ディスラプティブな性質を持つ。同様にクリステンセン、オジョモ、ディロンは、これまで製品やサービスの対象外だった貧困層のために市場を創造するイノベーションが、フロンティア市場においていかに持続可能な繁栄への道であるかを示した。言うまでもなく、これらの研究は非ディスラプティブな創造に関するものではない。ただし、非ディスラプティブな創造が新興国に与える潜在的な影響の大きさを示唆しており、筆者らの研究と関連している。C.K. Prahalad, *The Fortune at the Bottom of the Pyramid：Eradicating Poverty through Profits*, Upper Saddle River, NJ: Wharton School Publishing, 2010.（邦訳『ネクスト・マーケット』英治出版、2005年。増補改訂版、2010年）を参照。Clayton Christensen, Efosa Ojomo, and Karen Dillon, *The Prosperity Paradox: How Innovation Can Lift Nations Out of Poverty*, New York: Harper Business, 2019.も参照されたい。

10 まったく新しい製品は非ディスラプティブな場合もあるが、タクシー業界にとってのウーバーやフィルムカメラ業界にとってのデジタル写真のように、ディスラプティブな事例も存在することに注意。これに関連して、サフィ・ベッコール著の*Loonshots：How to Nurture the Crazy Ideas That Win Wars, Cure Diseases, and Transform Industries*, New York: St. Martin's Press, 2019. を、非ディスラプティブな創造と混同したり、非ディスラプティブな創造を論じたものと見なしたりすべきではない。ルーンショットはディスラプティブと非ディスラプティブ、どちらにもなり得るのだ。

11 新商品は既存市場にとって必ずしも非ディスラプティブではないが、その経済的重要性については、ティモシー・ブレスナハンとロバート・ゴードンによる*The Economics of New Goods*, Chicago: University of Chicago Press, 1996. を参照。また、破壊を伴わずに新製品を生み出すイノベーションの重要性を論じたアマール・ビデの著作*The Venturesome Economy: How Innovation Sustains Prosperity in a More Connected World*, Prince ton, NJ: Prince ton University Press, 2008. も参照されたい。

12 たとえば、グレン・シュミットとシェリル・ドゥルーエルは、「ディスラプティブなイノベーション（すなわち、現在の市場を劇的にディスラプトするもの）は、（クリステンセンの定義による）破壊的イノベーションだとはかぎらない」と指摘している。彼らの研究は、ディスラプションの2つの包括的パターンを明らかにしている。すなわちローエンドへの侵食とハイエンドへ

注

第1章

1 保健機関(WHO)『視力に関する報告書』2019年版参照。

2 グーグルトレンドによると、「ディスラプション」という用語の相対的な検索関心度は上昇を続けてきた。過去1年間で4倍になっており、この用語の普及度の高まりを示唆している。これは、クレイトン・クリステンセンによる破壊的技術とイノベーションに関する影響力ある著作によるところが大きい。クリステンセンの金字塔*The Innovator's Dilemma: When New Technologies Cause Great Firms to Fail*, Boston: Harvard Business School Press, 1997.(邦訳『イノベーションのジレンマ』翔泳社、2000年。増補改訂版2001年)を参照されたい。クリステンセンの理論は、ローエンドのディスラプションが大企業を破綻させるという観点から考案され、発展したものだが、一般に「ディスラプション」は、新しいものがローエンドとハイエンドの両方から既存市場とそこで事業を行う既存企業を駆逐するイノベーション現象を表すために、より広い文脈で用いられてきた。本書では、後者の一般的な意味で「ディスラプション」を用いている。ディスラプションが既存市場のハイエンドとローエンドの両方から起き、リソースの乏しい小企業と資金力豊かな既存企業の両方に端を発することを示す最近の研究については、本章の注12を参照いただきたい。

3 ディスラプションを称賛する企画は数多くあり、『フォーブス』が年次で発表するディスラプションのリストと、CNBCがやはり毎年公表するディスラプター50はその好例である。

4 筆者らが非ディスラプティブな創造の理論を初めて発表したのは、W. Chan Kim and Renée Mauborgne, "Nondisruptive Creation : Rethinking Innovation and Growth," *Sloan Management Review*, Spring 2019, 52-60.においてである。W. Chan Kim and Renée Mauborgne, *Blue Ocean Shift—Beyond Competing : Proven Steps to Inspire Confidence and Seize New Growth*. New York: Hachette, 2017.(邦訳『ブルー・オーシャン・シフト』ダイヤモンド社、2018年)の第2章も参照されたい。

5 非ディスラプティブな創造とは、創造された製品やサービスが既存の産業にとって非ディスラプティブであることを意味する。これは、企業ではなく市場との関係で定義される。たとえば、アップルがiPod、そして後にiTunesを発売したとき、いずれも同社にとってはディスラプティブではなかった。代替対象になるような自前の音楽再生デバイスも音楽小売事業も、持っていなかったのである。ところがiPodとiTunesはともに既存業界にとってはディスラプティブだった。片や携帯音楽プレーヤー業界を、片や音楽小売業界を、ディスラプトしたのである。アップルによるiPodとiTunesの創造はいずれも既存業界をディスラプトしており、非ディスラプティブな創造の事例ではない。

6 売り手と買い手の正式な市場取引を通して提供されるソリューションと、生理用の汚れた布のような非公式または市場外のソリューションを区別することは重要である。生理用パッドの恩恵により、少女たちは月経時にトウモロコシの殻や古い布切れを使用せずに済むようになったが、このことと、革新的な製品やサービスが既存の産業やそこに属する企業を駆逐する場合に起きる市場のディスラプションは、混同してはならない。インフォーマルないし市場外のソリューションしか存在しない問題に市場ソリューションを提供すると、既存の市場に取って代わらずに成長を実現できる。実際、多くの非ディスラプティブな創造は、このようにして起きる。

や

ら

は

ま

索引

主な論文／記事、インタビュー

- “Parables of Leadership,” HBR, July-August 1992.
  邦訳「バリュー・イノベーション：連続的価値創造の戦略」DHB1997年7月号
- “Fair Process: Managing in the Knowledge Economy,” HBR, July-August 1997, January 2003.
  邦訳「フェア・プロセス：信頼を積み上げるマネジメント」DHBR2003年4月号、「フェア・プロセス：協力と信頼の源泉」DHBR2008年8月号
- “Creating New Market Space,” HBR, January–February, 1999.
  邦訳「バリュー・ブレークスルー・マーケティング」DHB1997年7月号
- “Knowing a Winning Business Idea When You See One,” HBR, September–October 2000.
  邦訳「イノベーションの潜在価値を評価する法」DHBR2001年1月号
- “Charting Your Company's Future,” HBR, June 2002.
  邦訳「ストラテジー・キャンバスによる戦略再構築」DHBR2002年9月号
- “Tipping Point Leadership,” HBR, April 2003.
  邦訳「ティッピング・ポイント・リーダーシップ」DHBR2003年12月号
- “Blue Ocean Strategy,” HBR, October 2004.
  邦訳「ブルー・オーシャン戦略」DHBR2005年1月号
- “How Strategy Shapes Structure,” HBR, September 2009.
  邦訳「ブルー・オーシャン戦略が産業構造を変える」2010年1月号
- “Blue Ocean Leadership,” HBR, May 2014.
  邦訳「ブルー・オーシャン・リーダーシップ：戦略から組織へ」DHBR2015年10月号
- “Red Ocean Traps,” HBR, March 2015.
  邦訳「レッド・オーシャンの罠」DHBR2015年10月号
- 「[インタビュー]ブルー・オーシャン開拓の余地はいまなお十分にある」DHBR2015年10月号
- “Identify Blue Oceans by Mapping Your Product Portfolio,” HBR.ORG, February 12, 2015.
  邦訳「ブルー・オーシャン戦略には事業ポートフォリオ管理が欠かせない」DHBRオンライン、2015年9月11日
- 「ブルー・オーシャン・シフトで日本企業は甦る」DHBR2019年2月号
- “Innovation Doesn't Have to Be Disruptive,” HBR, May-June 2023.
  邦訳「イノベーションのすべてが『破壊的』とは限らない」DHBR2024年2月号
- “What Innovators Who Create New Market Do Differently,” HBR.org, December 11, 2023.
  邦訳「破壊的ではないイノベーターが備えている3つの視点」DHBRオンライン、2024年2月13日
- “The Benefits of Innovation That Isn’t Disruptive,” HBR.org, March 11, 2024.
  邦訳「破壊的ではないイノベーションを目指すべき理由」DHBRオンライン、2024年5月29日

HBR, HBR.org=米『Harvard Business Review』誌、同誌オンライン
DHB/DHBR, DHBRオンライン=日本版『DIAMONDハーバード・ビジネス・レビュー』誌、同誌オンライン
詳しくは https://dhbr.diamond.jp/ を参照。

著者について

W. チャン・キムとレネ・モボルニュはINSEADの教授（戦略論を担当）。フランスのフォンテーヌブローにあるINSEADブルー・オーシャン戦略研究所の共同ディレクターを兼ねる。400万部を超える世界的ベストセラーにして、これまでに書かれた戦略書の中で最も象徴的でインパクトのある一冊として知られる『ブルー・オーシャン戦略』、および『ニューヨーク・タイムズ』のベストセラー1位、『ウォール・ストリート・ジャーナル』『USAトゥデイ』『ロサンゼルス・タイムズ』のベストセラーに輝いた『ブルー・オーシャン・シフト』の著者である。『ブルー・オーシャン戦略』と『ブルー・オーシャン・シフト』は、現在までに世界2800以上の大学で教材として使われている。

キムとモボルニュは、『アカデミー・オブ・マネジメント・ジャーナル』『マネジメント・サイエンス』『オーガニゼーション・サイエンス』『ストラテジック・マネジメント・ジャーナル』『アドミニストラティブ・サイエンス・クオータリー』『ジャーナル・オブ・インターナショナル・ビジネス・スタディーズ』『ハーバード・ビジネス・レビュー』『MITスローン・マネジメント・レビュー』などの一流学術誌や経営誌に多数の論文を発表しているほか、『ウォール・ストリート・ジャーナル』『ニューヨーク・タイムズ』『ファイナンシャル・タイムズ』などにも寄稿している。

ノーベル・コロキア賞（ビジネス・経済思想分野のリーダー部門）、マネジメント・コンサルティング・ファーム協会によるカール S. スローン賞、ファスト・カンパニーによるリーダーシップ殿堂入り、国際ビジネス・アカデミーによる最優秀原著論文に対するエルドリッジ・ヘインズ賞など、数多くの学術賞や経営賞を受賞している。Thinkers50では、世界で最も影響力のある経営思想家に選ばれている。

さらに詳しくはhttps://www.blueoceanstrategy.comを参照。

［著者］
W・チャン・キム＆レネ・モボルニュ（W. Chan Kim & Renée Mauborgne）
INSEADの教授（戦略論を担当）。フランスのフォンテーヌブローにあるINSEADブルー・オーシャン戦略研究所の共同ディレクターを兼ねる。400万部を超える世界的ベストセラーにして、これまでに書かれた戦略書の中で最も象徴的でインパクトのある一冊として知られる『ブルー・オーシャン戦略』、および『ニューヨーク・タイムズ』のベストセラー1位、『ウォール・ストリート・ジャーナル』『USA トゥデイ』『ロサンゼルス・タイムズ』のベストセラーに輝いた『ブルー・オーシャン・シフト』の著者である。『ブルー・オーシャン戦略』と『ブルー・オーシャン・シフト』は、現在までに世界2800以上の大学で教材として使われている。Thinkers50では、世界で最も影響力のある経営思想家に選ばれている。

［訳者］
有賀裕子（あるが・ゆうこ）
翻訳家。東京大学法学部卒業。ロンドン・ビジネス・スクール経営学修士（MBA）。訳書に『［新版］ブルー・オーシャン戦略』『ブルー・オーシャン・シフト』『［新訳］GMとともに』『組織は戦略に従う』『T.レビット マーケティング論』（以上ダイヤモンド社）、他多数。

破壊なき市場創造の時代
——これからのイノベーションを実現する

2024年10月1日　第1刷発行

著　者——W・チャン・キム／レネ・モボルニュ
訳　者——有賀裕子
発行所——ダイヤモンド社
〒150-8409　東京都渋谷区神宮前6-12-17
https://www.diamond.co.jp/
電話／03･5778･7228（編集）　03･5778･7240（販売）
装丁・本文デザイン—遠藤陽一（DESIGN WORKSHOP JIN）
製作進行——ダイヤモンド・グラフィック社
印刷————勇進印刷
製本——ブックアート
編集担当——前澤ひろみ

ISBN 978-4-478-11942-6